Exotische Küche

Afghanische Küche

Kochrezepte aus Zentralasien, vom östlichen Iran bis ins nördliche Pakistan

Nariman Zeitun

Die Autorin und der Verlag bedanken sich bei allen, die sie mit Rezepten versorgt haben, damit dieses Buch auf deutschsprachigen Markt erscheinen konnte.

1. Auflage 2014 / 2. Auflage 2016

Fotos: M. Nader Asfahani
Titelbild: Gundula Wagner
Übersetzung, Gestaltung, Herstellung und Satz:
Asfahani Verlag
Hausbrucher Straße 54 / D-21147 Hamburg
Federal Republic of Germany
Telefon 040-7967951 Fax 040-7967955
Email: info@asfahani.de
Internet: asfahani.de

978-3-927459-73-1

Exotische Küche
Kochbücher aus dem Süden

☺ Alle Rezepte sind für 3 bis 4 Personen gedacht

Sachregister

Kurze Informationen

Gemüse aushöhlen 7
Tomaten enthäuten 8
Zwiebeln braten 9

Salate und Beilagen

Gemischter Salat 10
Jogurt - Mast 11
Spinatsalat mit Jogurt 12
Auberginen mit Jogurt 12
Variante 2 13
Gurke mit Jogurt 14
Gewürzter Jogurt 15

Suppen

Zwiebelsuppe mit Jogurt 16
Zwiebelsuppe mit Ei 17
Gemüsesuppe 18
Spinatsuppe 19
Mungbohnensuppe mit Reis und Fleisch 20
Mungbohnensuppe mit Spinat 21
Nudelsuppe 23
Fleischsuppe mit Jogurt 24
Jogurtsuppe mit Reis 25

Reisgerichte

Einfache Art Reis zu kochen 26
Gedämpfter Reis 27
Reis mit Dill 28
Reis mit Tomaten 29
Reis mit Sauerkirschen 30
Reis mit Berberitzen 31
Reis mit Gewürzkräutern 32
Reis mit breiten Bohnen 33
Reis mit Bohnen und Fleisch 34
Reis mit Fleisch und getrockneten Aprikosen 36
Kabeli - Reis mit Fleisch und Nüssen 38
Karotten mit Reis 40
Reis mit Linsen 41

Fleisch- und Gemüsegerichte

Fleisch mit Auberginen 42
Kürbis mit Quark 43
Fleisch mit Jogurt 44
Fleisch mit frischen Kräutern 45
Auberginen mit Zwiebeln und Tomaten 47
Auberginen mit Tomaten 48
Fleisch mit Auberginen und Granatapfelsaft 49
Khorma - Afghanisches Gulasch 50
Fleisch mit getrockneten Früchten 51
Okra mit Fleisch 53
Quitten mit Fleisch 55

Kebab

Hackfleischspieße 56
Fleischspieße
Variante 1 58
Variante 2 58
Variante 3 59
Variante 4 60
Leber Kebab 62
Topf Kebab 63
Pfannen Kebab 64

Gerichte mit Hackfleisch

Gebratene Hackfleischbällchen 65
Variante 2, mit Gewürzen 66
Kartoffeln mit Hackfleisch 67
Hackbällchen mit Bohnen 68
Hackbällchen mit Reis 69
Gefüllte Reisbällchen 71
Hackbällchen mit Kichererbsenmehl 72
Gefüllte Kartoffeltaschen 74

Gefülltes Gemüse

Gefüllte Zucchini 77
Gefüllte Tomaten 80
Gefüllte Auberginen 82
Variante 1 82
Variante 2 83
Variante 3 84
Gefüllte Weißkohlblätter 85
Hackfleisch mit Granatapfelsaft und Walnüssen 88

Gemüse mit Quark

Kürbis mit Quarksoße 89
Quark mit Kartoffeln 91

Eier- und Geflügelgerichte

Auberginen Omelette 93
Kartoffeln mit Ei 94
Kräuter Omelette 95
Grüne Bohnen Omelette 96
Hähnchen mit Gewürzpaste 97
Gefülltes Hähnchen mit getrockneten Früchten *98* 98
Verschiedene Füllungen für Geflügel:
Variante1, mit Koriander und Walnüssen 99
Variante2, mit Reis 100
Variante3, mit Hackfleisch und getrockneten Früchten 100
Geflügelfrikadellen 101
Gebratene Hähnchenbrust 102

Teigspeisen

Teigtaschen 103
Füllung mit Kartoffeln 105
Füllung mit Lauch 106
Füllung mit Hackfleisch 107

Fischgerichte

Gekochte Fischfilets in Tamarindesoße 108
Kräuter Fisch 109
Fischfilets braten 110
Fischfilets in Tomatensoße 110

Süßspeisen

Pudding mit Reismehl 112
Pudding mit Maismehl 112
Pudding mit Speisestärke 113
Gelber Reispudding 114
Milchreis 115
Halwah - Mehlsüßspeise 116
Milch Halwah 117
Gelee - Magut 118
Variante 2, mit Butter 119
Reiskekse 119
Noghol - Umhüllte Mandeln mit Zuckersirup 120
Teigfinger in Zuckersirup 121

Eingemachte Zutaten

Eingelegte Auberginen 123
Variante 2 124
Variante 3 125
Eingelegte Limetten 126
Eingelegter Knoblauch 126
Eingelegtes Gemüse 127

Kurze Informationen

Gemüse aushöhlen

☺ Stielansätze und enden abschneiden.

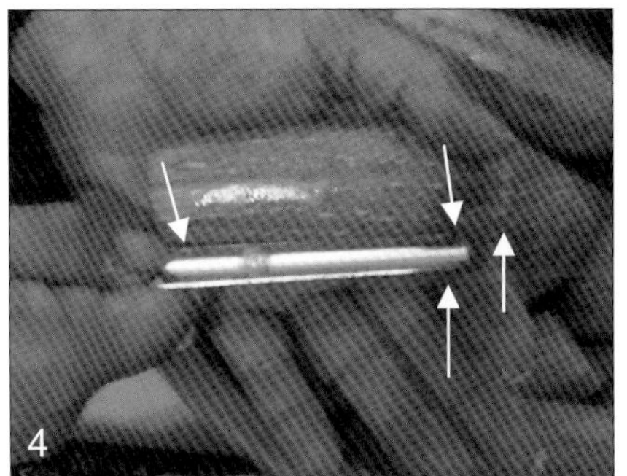

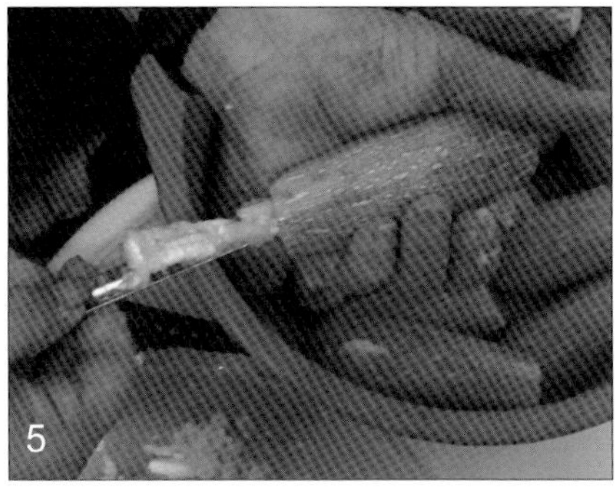

☺ Einen Aushöhlstab neben die einzelnen Zucchini halten, ca. 1/2 cm vom Ende zurückziehen und an dieser Stelle den Daumen an den Stab halten. Metallstab in die Zucchini stechen, dabei die Zucchini drehen, bis der Daumen an die Öffnung kommt, jetzt kann das Fruchtfleisch drehend herausgezogen und die Zucchini gefüllt werden.

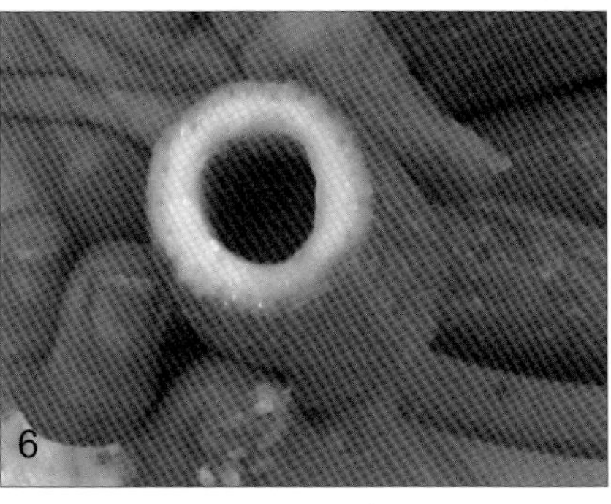

Tomaten enthäuten

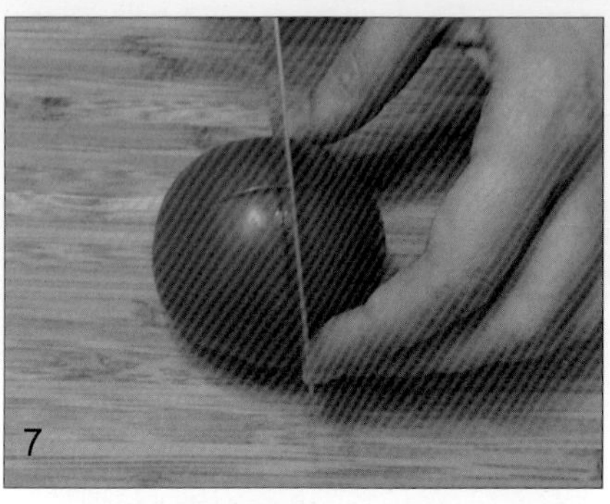

☺ Tomatenhaut mit einem scharfen Messer kreuzweise anritzen und in einen Topf geben.

☺ Kochendes Wasser darüber geben und ein paar Minuten stehen lassen, dann aus dem Wasser nehmen und die Haut abziehen.

☺ Die Tomate halbieren, Samen entfernen und hacken.

Zwiebeln braten

13

14

☺ Öl und einen Zwiebelwürfel in eine Pfanne oder einen Topf geben und erhitzen. Wenn das Öl anfängt zu brodeln, die Zwiebeln in die Pfanne geben und braten, bis sie weich und glasig sind.

15

16

☺ Zwiebeln rösten:.

17

Zwiebeln schälen und in dünne Scheiben oder Streifen schneiden ➡ Salz, Pfeffer, Paprikapulver, Kurkumapulver und 1 Teelöffel Mehl zu den Zwiebeln geben und gut vermengen ➡ Öl in einer Pfanne erhitzen, Zwiebeln dazugeben und goldbraun braten, aus der Pfanne nehmen, auf Küchenpapier legen, damit das überschüssige Öl entfernt wird ➡ geröstete Zwiebeln über Fleisch, Reis oder Hauptgerichte verteilen.

Salate und Beilagen

Gemischter Salat

Zutaten:

1 Salatkopf, zerlegen, zerkleinern, waschen und abtropfen lassen
2 bis 3 Lauchzwiebeln, Enden abschneiden, gewelkte Blätter entfernen und in Scheiben schneiden
1 lange, milde Peperoni, Stielansatz abschneiden, der Länge nach halbieren, Samen entfernen und hacken
2 Schalotten oder 1 kleine Zwiebel, Schale entfernen und hacken
1 große Tomate, halbieren, Samen entfernen, Stielansatz abschneiden und hacken (Größe nach belieben)
Ein paar Radieschen, halbieren und in dünne Streifen schneiden
1 kleine Gurke, der Länge nach halbieren, dann vierteln und in Würfel schneiden
1 bis 2 Knoblauchzehen, schälen, mit etwas Salz in einen Mörser geben und zerdrücken
1 Zitrone, auspressen
Salz
Pfeffer
Olivenöl

So wird es gemacht:

☺ Alle Zutaten in eine große Schale geben und gut vermengen, mit Salz, Pfeffer und Zitronensaft abschmecken und zu Hauptgerichten servieren.

✩✩✩✩✩✩✩✩✩✩

In einigen Gebieten werden frische Salatzutaten, wie Tomaten, Lauchzwiebeln, Oliven etc. und eingelegte Zutaten als Beilage zu Hauptgerichten serviert.

18

Jogurt - Mast

Zutaten:

1 Liter Frischmilch
ca. 50 g Jogurt

So wird es gemacht:

☺ Frischmilch in einem Topf kochen ➟ auf ca. 35°C abkühlen lassen ➟ etwas Milch zum Jogurt geben und gut verrühren ➟ zur Milch geben und umrühren ➟ Topf zudecken und in eine Decke einschlagen ➟ an einen warmen Platz stellen ➟ über Nacht stehen lassen (ca. 15 bis 17 Stunden).

<u>Vermerk:</u>
Topf nicht schütteln

✫✫✫✫✫✫✫✫✫✫✫

Spinatsalat mit Jogurt

Zutaten:

500 g Blattspinat, Blätter waschen und grob hacken
1 Schalotte oder rote Zwiebel, schälen und fein hacken
2 Knoblauchzehen, schälen, mit etwas Salz in einen Mörser geben und zerdrücken
2 Tassen Jogurt
2 Esslöffel gehackte Pfefferminzblätter. Ersatzweise
1 Teelöffel getrocknete Pfefferminze
2 bis 3 Walnüsse, zerdrücken
Salz
Pfeffer
Etwas Öl

So wird es gemacht:

☺ Jogurt und Knoblauchpaste in eine Servierschale geben und gut verrühren.
☺ Etwas Öl in einer tiefen Pfanne erhitzen, Zwiebeln dazu geben und dünsten, Spinat untermengen und weich dünsten, bis die Flüssigkeit verdampft ist ➠ Pfanne vom Herd nehmen und abkühlen lassen.
☺ Spinat zum Jogurt geben, mit Salz und Pfeffer abschmecken und servieren.

✯✯✯✯✯✯✯✯✯✯

Auberginen mit Jogurt

Zutaten:

1 mittelgroße Aubergine
2 bis 3 Knoblauchzehen, schälen, mit etwas Salz in einen Mörser geben und zerdrücken
2 bis 3 Esslöffel gehackte Petersilie
1 kleine Tomate, in kleine Würfel schneiden
2 Tassen Jogurt
Salz
Pfeffer

So wird es gemacht:

☺ Jogurt und Knoblauchpaste in eine Servierschale geben und gut verrühren.

☺ Falls möglich, die Aubergine auf einem Grill garen oder mit Alufolie gut umhüllen und im vorgeheizten Backofen (200°C) ca. 25 Minuten backen ➡ Schale abschaben, Stielansatz entfernen und die Aubergine mit einer Gabel zerkleinern ➡ in die fertige Soße geben, gut vermengen und abschmecken ➡ mit Tomatenstücken und Petersilie garnieren und servieren.

> Vermerk:
> Man kann die Aubergine auch schälen, in Scheiben schneiden und in Öl braten oder in Würfel schneiden und in reichlich Wasser kochen, danach pürieren.

✯✯✯✯✯✯✯✯✯✯

Variante 2

Zutaten:

1 längliche Aubergine, Stielansatz abschneiden, schälen, in Scheiben schneiden (ca. 1 cm dick) und mit Salz und Pfeffer bestreuen
2 Knoblauchzehen, schälen und hacken
1 Tasse Jogurt
Salz
Pfeffer
Öl

So wird es gemacht:

☺ Etwas Öl in einer Pfanne erhitzen, Knoblauch dazugeben und weich dünsten, dann aus der Pfanne nehmen und beiseite stellen.

☺ Die Auberginenscheiben in der gleichen Pfanne goldbraun braten, aus der Pfanne nehmen, auf Küchenpapier geben, damit das überschüssige Öl entfernt wird und abkühlen lassen.

☺ Jogurt in eine Servierschale geben und gut verrühren.
☺ Gebratene Auberginenscheiben würfeln und im Jogurt untermengen ➟ Knoblauch dazugeben, untermengen, mit Salz und Pfeffer abschmecken und kalt servieren.

✯✯✯✯✯✯✯✯✯✯

Gurke mit Jogurt

Zutaten:

2 Tassen Jogurt
2 Knoblauchzehen, schälen, mit etwas Salz in einen Mörser geben und zerdrücken
1 Gurke, schälen, der Länge nach halbieren, dann vierteln, in Würfel schneiden, in ein Sieb geben und ca. 30 Minuten stehen lassen, damit die meiste Flüssigkeit austropfen kann
2 bis 3 Lauchzwiebeln, Stielansätze abschneiden, die gewelkten Blätter und Silberhaut entfernen und in dünne Scheiben schneiden
1 Esslöffel gehackter Dill
Eventuell zerdrückte Walnüsse
Salz
Pfeffer

So wird es gemacht:

☺ Jogurt und Knoblauchpaste in eine Servierschale geben und gut verrühren ➟ die restlichen Zutaten dazugeben und gut vermengen, dann abschmecken und zu Hauptgerichten servieren.

✯✯✯✯✯✯✯✯✯✯

Gewürzter Jogurt

Zutaten:

50 g Fetakäse, zerkleinern
1 Tasse Jogurt
70 bis 80 g verschiedene, frische Kräuter, fein hacken:
- Dill
- Petersilie
- Koriander
- Pfefferminze
- Thymian
- Schnittlauch

Etwas Olivenöl oder ungesalzene Butter
Salz

So wird es gemacht:

☺ Jogurt, Käse, etwas Öl oder Butter und Salz in eine Küchenmaschine geben und gut verrühren.
☺ Jogurt in eine Schale geben, Kräuter untermengen, mit Salz abschmecken und mit Brot servieren.

✯✯✯✯✯✯✯✯✯✯

Suppen - Schorba شوربة

Zwiebelsuppe mit Jogurt

Zutaten:

250 ml Jogurt
3 Tassen Wasser
4 große Zwiebeln, schälen, halbieren und in Streifen schneiden
2 Esslöffel Butter oder Öl
2 Esslöffel gehackte Pfefferminzblätter. Ersatzweise 3/4 Esslöffel getrocknete Pfefferminze
Zitronensaft
Salz
Pfeffer
Afghanisches oder persisches Brot

So wird es gemacht:

☺ Jogurt und Wasser in eine Schale geben, salzen, pfeffern und gut verrühren.
☺ Butter (oder Öl) in einem Topf erhitzen ➟ Zwiebeln dazugeben und weich dünsten (nicht braun werden lassen).
☺ Jogurt zu den Zwiebeln geben, umrühren und kurz aufkochen lassen, dann bei schwacher Hitze ca. 10 Minuten köcheln lassen, dabei rühren ➟ Pfefferminze in die Suppe geben, mit Zitronensaft, Salz und Pfeffer abschmecken ➟ Suppe heiß mit Brot servieren.

✳✳✳✳✳✳✳✳✳✳

Zwiebelsuppe mit Ei

Zutaten:

3 bis 4 große Zwiebeln, schälen und in kleine Würfel schneiden
2 Esslöffel Mehl
1 Teelöffel Kurkumapulver
1 bis 2 Esslöffel getrocknete Bockshornkleesamen, zerdrücken
3 Eier, aufschlagen, in eine Schale geben und rühren
Salz
Pfeffer
Öl
Ca. 1 bis 1,5 Liter Wasser
Getrocknetes, afghanisches oder persisches Brot, in kleine Stücke zerkleinern

So wird es gemacht:

☺ Etwas Öl in einem großen Topf erhitzen ➟ Zwiebeln in das heiße Öl geben und bei schwacher Hitze braun werden lassen, dabei rühren ➟ Salz, Pfeffer, Mehl und Bockshornkleesamen dazugeben, gut verrühren und kurz dünsten ➟ Wasser zu den Zwiebeln geben, umrühren und zum Kochen bringen, dann bei schwacher Hitze ca. 50 Minuten köcheln lassen und abschmecken.

☺ Die Suppe wieder zum Kochen bringen, Eier dazugeben, dabei rühren bis die Eier gestockt sind ➟ Topf vom Herd nehmen.

☺ Zerkleinertes Brot in Suppenschalen oder tiefe Teller geben, Zwiebelsuppe darauf geben und heiß servieren.

✳✳✳✳✳✳✳✳✳✳✳✳

Gemüsesuppe

Zutaten:

150 g Fleischstück, waschen und in ca. 1 cm große Würfel schneiden
Ca. 500 g verschiedene Gemüsesorten:
- Karotten, Stielansätze abschneiden, schälen und in kleine Würfel schneiden
- 2 Kartoffeln, schälen, waschen, in Streifen schneiden, dann würfeln
- Grüne Bohnen, Spitzen abschneiden und zerkleinern
- Frische Erbsen
- Man kann auch andere Gemüsesorten für die Suppe verwenden

1 große Zwiebel, schälen und in kleine Würfel schneiden
1 große Tomate, würfeln
2 Esslöffel gehackte Petersilie
Salz
Pfeffer
Öl oder Butter

So wird es gemacht:

☺ Etwas Öl oder Butter in einem großen Topf erhitzen ➟ Zwiebeln in das heiße Öl geben und glasig dünsten ➟ Fleischwürfel untermengen und braten bis sie Farbe annehmen ➟ Tomaten untermengen und dünsten, bis die Flüssigkeit verdampft ist ➟ 4 Tassen Wasser darüber geben, umrühren und zum Kochen bringen bis das Fleisch gar ist ➟ zerkleinertes Gemüse dazugeben, salzen und pfeffern ➟ bei mittlerer Hitze kochen lassen bis das Gemüse fast gar ist ➟ Petersilie dazugeben und kochen lassen bis das Gemüse gar ist ➟ Gemüsesuppe in eine Servierschale geben und heiß servieren.

✳✳✳✳✳✳✳✳✳✳

Spinatsuppe

Zutaten:

500 g Blattspinat, waschen und hacken
1 kleine Zwiebel oder Schalotte, schälen und fein hacken
150 g getrocknete, halbierte, gelbe Erbsen, waschen
100 g Reismehl, in ca. ½ Tasse Wasser auflösen
Zitronen- oder Limettensaft
1 Teelöffel Kurkumapulver
Salz
Pfeffer
Öl

Zutaten für die Fleischbällchen:

200 bis 250 g Hackfleisch
1 kleine Zwiebel, fein hacken
Salz
Pfeffer
Öl

So wird es gemacht:

☺ Hackfleischbällchen vorbereiten:
Hackfleisch, Zwiebeln, Salz und Pfeffer in eine Schale geben, mit der Hand gut verkneten und zwischen den Handflächen zu kleinen Bällchen formen.
Etwas Öl in einer tiefen Pfanne erhitzen, Fleischbällchen dazugeben und goldbraun braten ➡ aus der Pfanne nehmen und beiseite stellen.
☺ Suppe fertig stellen:
Etwas Öl in einem Topf erhitzen ➡ Zwiebeln dazugeben und glasig dünsten ➡ gelbe Erbsen, Salz, Pfeffer, Kurkuma und Spinat dazugeben, umrühren und kurz dünsten ➡ ca. 5 Tassen Wasser darüber gießen, umrühren und kurz zum Kochen bringen, Topf zudecken und bei mittlerer Hitze ca. 10 Minuten kochen lassen ➡ Fleischbällchen in die Suppe geben und weitere 10 Minuten kochen lassen ➡ aufgelöstes

Reismehl langsam zur Suppe geben, dabei rühren ➟ 2 bis 3 Esslöffel Limettensaft (man kann auch ca. 75 ml Orangensaft verwenden) dazugeben, umrühren, abschmecken und weitere 5 Minuten köcheln lassen ➟ heiß mit frischem afghanischem, türkischem oder persischem Brot servieren.

✻✻✻✻✻✻✻✻✻✻✻

Mungbohnensuppe mit Reis und Fleisch

Zutaten:

150 g Mungbohnen, waschen
150 g Rundkorn- oder Bruchreis, waschen, in reichlich Wasser geben und ca. 1 Stunde stehen lassen, dann durch ein Sieb geben und abtropfen lassen
150 bis 200 g Fleisch, waschen und in feine Würfel schneiden
1 große Zwiebel, schälen und fein hacken
1 Teelöffel Kurkumapulver
Salz
Pfeffer
Öl

So wird es gemacht:

☺ Mungbohnen in einen Topf geben, mit Wasser bedecken und kochen lassen bis sie gar sind. Falls nötig, Wasser darüber gießen ➟ Topf vom Herd nehmen und beiseite stellen.

☺ Etwas Öl in einem großen Topf erhitzen, Zwiebeln dazugeben und goldbraun dünsten ➟ Fleischwürfel, Salz, Pfeffer und Kurkuma dazugeben und 6 bis 7 Minuten braten ➟ Reis und Mungbohnen dazugeben, umrühren ➟ ca. 1 Liter Wasser darüber gießen und umrühren ➟ Topf zudecken und kurz zum Kochen bringen, dann bei mittlerer Hitze kochen lassen bis der Reis und das Fleisch gar sind ➟ heiß mit frischem Brot servieren.

Mungbohnensuppe mit Spinat

Zutaten:

100 g Mungbohnen, waschen
50 g Milchreis, waschen, mit Wasser bedecken und ca. 1 Stunde stehen lassen, durch ein Sieb geben und abtropfen lassen
200 g Blattspinat, waschen und hacken
1 Bund Petersilie, Blätter waschen und hacken
1 Esslöffel gehackte Korianderblätter
2 Bund Lauchzwiebeln, Stielansätze abschneiden, die gewelkten Blätter und Silberhaut entfernen und in feine Scheiben schneiden
1 Esslöffel frische Dillspitzen
1 Zwiebel, schälen und fein hacken
250 g Weißkohlblätter, in kleine Stücke schneiden, waschen und abtropfen lassen
Etwas Kurkumapulver
Saft 1 Zitrone oder Limette
Salz
Pfeffer
Öl

So wird es gemacht:

☺ Mungbohnen in einem Topf mit Wasser bedecken und gar kochen ➡ Topf vom Herd nehmen und beiseite stellen.
☺ Etwas Öl in einem großen Topf erhitzen, Zwiebeln dazugeben und goldbraun dünsten ➡ Kurkuma, Salz und Pfeffer dazugeben und umrühren, dann Reis und Mungbohnen mit Kochflüssigkeit darüber geben und umrühren ➡ ca. 5 Tassen Wasser darüber gießen ➡ mit Zitronensaft abschmecken ➡ Topf zudecken und kurz zum Kochen bringen, dann bei mittlerer Hitze ca. 20 Minuten kochen lassen ➡ Spinat, Lauchzwiebeln und Weißkohl dazugeben, umrühren, Topf zudecken und ca. 10 bis 15 Minuten kochen lassen bis das Gemüse gar ist ➡ mit

Zitronensaft, Salz und Pfeffer abschmecken und heiß mit Brot servieren.

Vermerk:

Man kann auch Hackfleisch als Beilage anbieten:

Zutaten:

100 g Hackfleisch
1 kleine Schalotte, schälen und fein hacken
1 kleine Tomate, fein hacken
Salz
Pfeffer
Öl

So wird es gemacht:

☺ Etwas Öl in einer Pfanne erhitzen, Hackfleisch dazugeben und braten bis es Farbe annimmt ➟ Zwiebeln untermengen und weich dünsten ➟ Tomaten dazugeben, salzen und pfeffern und dünsten, bis die Flüssigkeit verdampft ist.

Suppe in Serviertellern geben, Hackfleisch darüber geben und servieren.

✳✳✳✳✳✳✳✳✳✳✳

Nudelsuppe

Zutaten:

1 kleine Packung Nudeln für Suppen
50 g braune Linsen
50 g gekochte Kichererbsen (aus der Dose)
50 g Mungbohnen
50 g gekochte, rote Bohnen oder Kidneybohnen (aus der Dose)
1 Zwiebel, schälen und fein hacken
1 Bund Petersilie, Blätter waschen und hacken
1 Bund Lauchzwiebeln, Stielansätze abschneiden, gewelkte Blätter und Silberhaut entfernen und hacken
Handvoll Blattspinat, hacken
Saft einer Zitrone oder Limette
1 Esslöffel saure Sahne
1 Teelöffel getrockneter Dill
1/2 Teelöffel Oregano
1 Teelöffel Kurkumapulver
Salz
Pfeffer
Öl

Getrocknete Bohnen und Kichererbsen müssen über Nacht in Wasser eingeweicht werden.

So wird es gemacht:

☺ Linsen und Mungbohnen in einen Topf geben, mit Wasser bedecken und gar kochen ➟ Topf vom Herd nehmen und beiseite stellen.

☺ Etwas Öl in einem großen Topf erhitzen ➟ Zwiebeln in das heiße Öl geben und bei schwacher Hitze goldbraun braten ➟ Kurkuma, Salz, Pfeffer, Dill, Oregano, Spinat, Lauchzwiebeln, Petersilie, Kichererbsen und Bohnen dazugeben und gut vermengen ➟ Linsen und Mungbohnen mit Kochflüssigkeit dazugeben ➟ 4 Tassen Wasser darüber gießen, saure Sahne dazugeben, umrühren und mit Salz, Pfeffer und Zitronensaft abschmecken ➟ Topf zudecken und kurz zum

Kochen bringen, dann bei schwacher Hitze ca. eine 3/4 Stunde kochen lassen ➡ Nudeln in die Suppe geben und weiter kochen bis die Nudeln gar sind ➡ heiß mit Brot servieren.

✳✳✳✳✳✳✳✳✳✳

Fleischsuppe mit Jogurt

Zutaten:

200 bis 250 g Fleisch, in kleine Würfel schneiden, waschen und abtropfen lassen
1 Becher Jogurt (250 ml) oder Quark
1 Tasse Milch oder Jogurt
1 große Zwiebel, schälen und fein hacken
2 Knoblauchzehen, schälen, mit etwas Salz in einen Mörser geben und zerdrücken
2 Esslöffel gehackte Pfefferminzblätter
Zitronensaft
Salz
Pfeffer
Öl

So wird es gemacht:

☺ Etwas Öl in einem Topf erhitzen, Zwiebeln dazugeben und glasig dünsten ➡ Knoblauch untermengen und kurz dünsten ➡ Fleischwürfel dazugeben ➡ Salz und Pfeffer dazugeben, umrühren und braten, bis das Fleisch Farbe annimmt ➡ Petersilie untermengen.

☺ Jogurt und Milch (oder Wasser) in eine Schale geben und gut verrühren, zum Fleisch geben und langsam zum Kochen bringen, dann bei schwacher Hitze kurz köcheln lassen ➡ mit Zitronensaft, Salz und Pfeffer abschmecken und heiß mit Brot und eventuell mit Reis servieren.

✳✳✳✳✳✳✳✳✳✳

Jogurtsuppe mit Reis

Zutaten:

2 Tassen Jogurt, in eine Schale geben und gut verrühren
Ca. 3 Tassen Wasser
125 g Reis, waschen
50 g gelbe, kleine, halbierte Erbsen oder Linsen
100 g Hackfleisch
1 Zwiebel, schälen und fein hacken
3 bis 4 Esslöffel frische Kräuter (Dill, Petersilie, Schnittlauch .....)
1/2 Teelöffel Kurkumapulver
Salz
Pfeffer

Zum Garnieren:

1 Teelöffel getrocknete Pfefferminze
1 kleine Zwiebel, schälen und hacken
Öl

So wird es gemacht:

☺ Wasser in einen Topf geben und zum Kochen bringen ➠ Zwiebeln, Fleisch und Erbsen oder Linsen zum Wasser geben und bei mittlerer Hitze ca. 20 Minuten kochen lassen ➠ Reis dazugeben und weitere 20 bis 25 Minuten köcheln lassen bis der Reis gar ist ➠ Kräuter und Kurkuma dazugeben und rühren ➠ Jogurt nach und nach in die Suppe geben und rühren, dann erhitzen und in eine Servierschale geben.
☺ Etwas Öl in einer kleinen Pfanne erhitzen, Zwiebeln dazugeben und glasig dünsten ➠ Pfefferminze untermengen und kurz dünsten ➠ Pfanneninhalt über die Suppe geben und heiß servieren.

✳✳✳✳✳✳✳✳✳✳

Reisgerichte (تَشاوَل) چاول

In Afghanistan, Persien, Pakistan und vielen arabischen Ländern, wird Reis als Beilage oder als Hauptgericht serviert. Meistens wird Basmati Langkornreis zum Kochen verwendet.
Chalau oder **Tschalau**, ist die Bezeichnung für weißen Reis als Beilage für Hauptgerichte.
Polau oder **Palau**, wird auch brauner Reis genannt, der Reis wird mit anderen Zutaten gekocht oder zu anderen Zutaten beigefügt.
Rundkornreis wird meistens zum Füllen von Gemüse verwendet.

Einfache Art Reis zu Kochen

Zutaten:

1 Tasse Langkornreis (Sorte Basmati), waschen und abtropfen lassen
2 Tassen Wasser
1 Teelöffel Salz

So wird es gemacht:

☺ Reis, Wasser und Salz in einen Topf geben, Topf zudecken und kurz zum Kochen bringen, dann bei sehr schwacher Hitze ca. 25 Minuten köcheln lassen bis der Reis gar und die Flüssigkeit verdampft ist.

Vermerk:
Man kann den Reis auch in den Topf geben und soviel Wasser darüber gießen bis es ca. 1 bis 1½ Fingerbreit über dem Reis steht.

❁❁❁❁❁❁❁❁❁❁

Gedämpfter Reis

Zutaten:

1 Tasse Langkornreis (Sorte Basamati), waschen und abtropfen lassen
1 Teelöffel Wasser
1 Teelöffel Butter
*1 sehr dünnes Fladenbrot

So wird es gemacht:

☺ Reichlich Wasser und 1 Teelöffel Salz in einen großen Topf geben und zum Kochen bringen ➟ Reis in das brodelnde Wasser geben und ca. 5 Minuten kochen lassen bis der Reis weich, aber kernig ist ➟ Reis durch ein Sieb geben und abtropfen lassen.

19

20

Vermerk:
Statt Brot, kann man in dünne Scheiben geschnittene Kartoffeln verwenden, mit denen der Topfboden bedeckt wird.

21

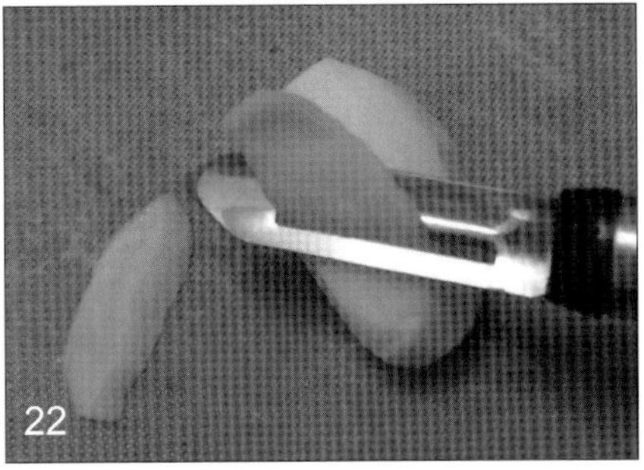

22

☺ 1 Esslöffel Butter in einen Topf geben und bei schwacher Hitze zerlassen ➟ Brot (oder Kartoffeln) in Stücke schneiden und damit den Topfboden bedecken ➟ Reis locker mit einem Schaumlöffel in den Topf geben.

23

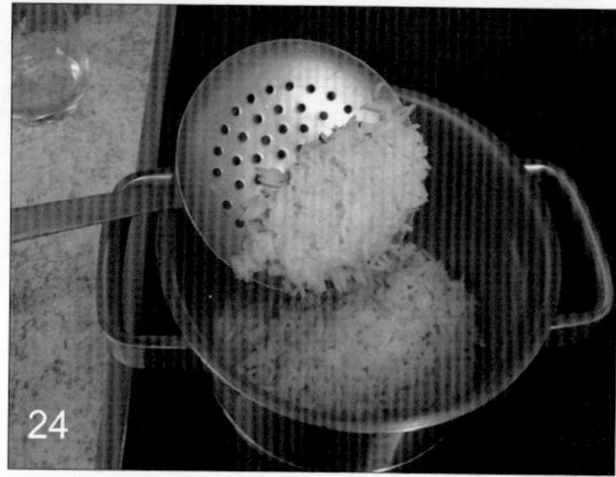
24

☺ Topfdeckel mit einem Tuch umwickeln und den Topf damit bedecken ➟ Reis ca. 20 bis 25 Minuten bei sehr schwacher Hitze köcheln lassen. Wenn der Reis gar und trocken ist, mit einer Gabel lockern und in eine Servierschale geben ➟ die im Topf befindlichen Brotscheiben oder Kartoffeln extra servieren.

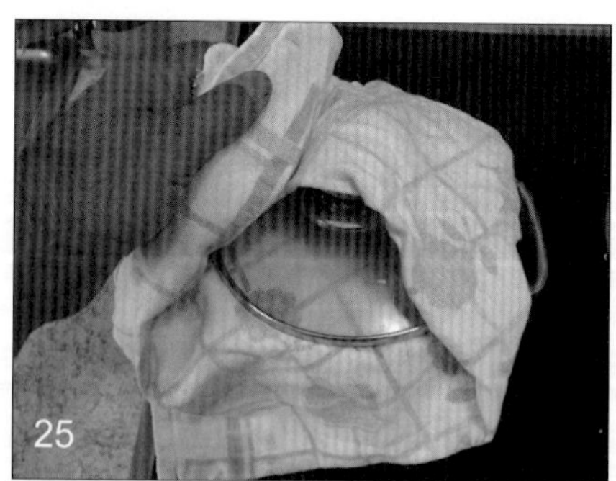
25

26

❁❁❁❁❁❁❁❁❁

Reis mit Dill

Zutaten:

Zutaten wie im Grundrezept
1/2 Bund Dill, Dill von den Stielen zupfen und hacken

So wird es gemacht:

☺ Reis kochen wie im Grundrezept:
Wenn der Reis fast gar ist, Dill über den Reis geben, Topf zudecken und kochen lassen bis der Reis gar und trocken ist ➟ Topfinhalt mit einem Schaumlöffel gut vermengen.
☺ Gedämpfter Reis:
Eine Schicht Reis in den Topf geben, dann Dill darüber streuen, danach wieder eine Schicht Reis und eine Schicht Dill usw. geben, bis alle Zutaten verbraucht sind ➟ wenn der Reis gar ist, den Topfinhalt gut vermengen und servieren.

❁❁❁❁❁❁❁❁❁

Reis mit Tomaten

Zutaten:

250 g Langkornreis, waschen und abtropfen lassen
250 g Hackfleisch
2 Tassen Tomatensaft
1 kleine Zwiebel, schälen und hacken
1/4 Teelöffel Currypulver
Ein Prise Nelkenpulver
Salz
Pfeffer
Öl oder Butter

So wird es gemacht:

☺ Hackfleisch mit Salz und Pfeffer abschmecken und mit der Hand gut verkneten, dann zwischen den Handflächen zu kleinen Bällchen (2 bis 3 cm Durchmesser) formen ➟ etwas Öl oder Butter in einem Topf erhitzen, Fleischbällchen dazugeben und von allen Seiten knusprig braten ➟ aus dem

Topf nehmen und beiseite stellen.

☺ Im gleichen Topf, Zwiebeln glasig dünsten, Salz, Pfeffer, Currypulver und Nelkenpulver dazugeben, gut vermengen und dünsten bis die Zwiebeln Farbe annehmen ➟ Reis zu den Zwiebeln geben und gut vermengen ➟ 1 Esslöffel Butter, ca. 1 Teelöffel Salz und Reis dazugeben und gut vermengen ➟ Tomatensaft und soviel Wasser darüber gießen bis die Flüssigkeit ca. 1 Fingerbreit über dem Reis steht ➟ Topf zudecken und kurz zum Kochen bringen, dann bei sehr schwacher Hitze ca. 30 Minuten köcheln lassen bis der Reis gar ist ➟ Fleischbällchen zum Reis geben und unterheben. Bis zum Servieren, in den Backofen stellen.

Als Beilage, serviert man sauer eingelegte Zutaten, Salz, Lauchzwiebeln und frische Pfefferminze.

❁❁❁❁❁❁❁❁❁

Reis mit Sauerkirschen

Zutaten:

1 Tasse Langkornreis (Basmati), waschen und abtropfen lassen
1 Teelöffel Salz
Etwas Öl oder Butter
2 bis 3 Fäden Safran, in 3 Esslöffel warmem Wasser auflösen
250 g frische Sauerkirschen, Kerne entfernen (ersatzweise getrocknete Sauerkirschen ohne Kerne, ca. 1 Stunde in Wasser einweichen)
50 g Zucker

So wird es gemacht:

☺ Kirschen und Zucker in eine Schale geben, umrühren und ca. 2 Stunden ziehen lassen. Zwischendurch umrühren.

☺ Reichlich Wasser, 1 Teelöffel Salz und etwas Öl in einen Topf geben und zum Kochen bringen ➟ Reis in das kochende Wasser geben und 3 bis 4 Minuten brodeln lassen ➟ durch ein Sieb geben und abtropfen lassen. Dann wieder in den Topf geben, etwas Butter darauf verteilen und den Topf zudecken.

☺ Etwas Öl oder Butter in einem Topf zerlassen ➟ eine Schicht Reis locker in den Topf geben, dann eine Schicht Kirschen darauf verteilen usw. bis alle Zutaten verbraucht sind. Die letzte Schicht soll Reis sein ➟ Topfdeckel mit einem Geschirrtuch umwickeln, Topf zudecken und bei sehr schwacher Hitze 15 bis 20 Minuten köcheln lassen bis der Reis trocken und gar ist ➟ Reis mit einem Schaumlöffel vorsichtig gut vermengen, in eine Servierschale geben, Safranwasser darüber träufeln und heiß zu Hähnchen servieren

❁❁❁❁❁❁❁❁❁

Reis mit Berberitzen

Zutaten:

25 g Berberitzen
1/2 Teelöffel Zucker
50 g ungesalzene Butter
Ein paar Safranfäden in 2 bis 3 Esslöffel warmem Wasser lösen
1 Tasse Langkornreis (Basmati), waschen und abtropfen lassen
1 Teelöffel Salz
Etwas Öl oder Butter
Zum Garnieren:
Ein paar Safranfäden in 2 bis 3 Esslöffel warmem Wasser lösen
Esslöffel Butter

So wird es gemacht:

☺ Butter in einer Pfanne erhitzen, Berberitzen dazugeben und ein paar Minuten bei schwacher Hitze braten ➟ Zucker und Safranwasser dazugeben, umrühren bis der Zucker aufgelöst ist und die Pfanne vom Herd nehmen.

☺ Reichlich Wasser, 1 Teelöffel Salz und etwas Öl in einen Topf geben und zum Kochen bringen ➟ Reis in das kochende Wasser geben und 3 bis 4 Minuten brodeln lassen ➟ durch ein Sieb geben und abtropfen lassen. Dann wieder in den Topf geben, etwas Butter darauf verteilen und den Topf zudecken ➟ Berberitzen zum Reis geben, vorsichtig untermengen und heiß zu Hauptgerichten servieren.

❁❁❁❁❁❁❁❁❁❁

Reis mit Gewürzkräutern

Zutaten:

1 Tasse Langkornreis (Basmati), waschen und abtropfen lassen
Je 1/2 Bund:
- Dill
- Schnittlauch
- Petersilie
- Koriander
- Blätter waschen und auf Küchenpapier legen, damit die Blätter trocken werden, dann hacken und in eine Schale geben

2 bis 3 Stangen Lauchzwiebeln, Stielansätze und den grünen Teil abschneiden, der Länge nach halbieren, fein hacken und zu den Kräutern geben
1 Teelöffel getrocknete Bockshornkleesamen, zu den Kräutern geben
1 kleine Knoblauchzehe, schälen, fein hacken und zu den Kräutern geben
Ein paar Safranfäden, in 2 Esslöffel warmem Wasser auflösen
1 Esslöffel Butter
Salz

So wird es gemacht:

☺ Reichlich Wasser und 1 Teelöffel Salz in einen großen Topf geben und zum Kochen bringen ➟ Reis dazugeben und ca. 3 bis 4 Minuten brodeln lassen bis der Reis gar, aber noch kernig ist ➟ Reis durch ein Sieb geben, abtropfen lassen, wieder in den Topf geben, Butter darüber verteilen und Topf zudecken.

☺ Kräuter mit den anderen Zutaten gut vermengen.
☺ Etwas Öl oder Butter in einem Topf zerlassen ➟ eine Schicht Reis locker in den Topf geben, dann eine Schicht Kräutermischung darauf verteilen usw. bis alle Zutaten verbraucht sind. Die letzte Schicht soll Reis sein ➟ Topfdeckel mit einem Geschirrtuch umwickeln, Topf zudecken und bei sehr schwacher Hitze 15 bis 20 Minuten köcheln lassen bis der Reis trocken und gar ist ➟ Reis mit einem Schaumlöffel vorsichtig vermengen, in eine Servierschale geben, Safranwasser darüber träufeln und heiß zu Fleisch, Gemüse oder Fischgerichten servieren.
Als Beilage Jogurt servieren.

❁❁❁❁❁❁❁❁❁❁

Reis mit breiten Bohnen

Zutaten:

1 Tasse Langkornreis (Basmati), waschen und abtropfen lassen
1 Teelöffel salz
Etwas Öl oder Butter
2 bis 3 Fäden Safran, in 3 Esslöffel warmem Wasser auflösen
250 g breite Bohnen, frisch oder tiefgefroren
4 bis 5 Esslöffel gehackter Dill
1 Knoblauchzehe, schälen, fein hacken oder mit etwas Salz in einen Mörser geben und zerdrücken
1 kleine Schalotte, schälen und fein hacken

So wird es gemacht:

☺ Reichlich Wasser, 1 Teelöffel Salz und etwas Öl in einen Topf geben und zum Kochen bringen ➟ Reis in das kochende Wasser geben und 3 bis 4 Minuten brodeln lassen ➟ durch ein Sieb geben und abtropfen lassen. Dann wieder in den Topf geben, etwas Butter darauf verteilen und den Topf zudecken.

☺ Reichlich Wasser in einen Topf geben und zum Kochen bringen ➟ Bohnen in das kochende Wasser geben und ein paar Minuten brodeln lassen, dann durch ein Sieb geben und abtropfen lassen ➟ Bohnenschalen entfernen und die Bohnen grob hacken.

☺ Etwas Butter in einer Pfanne erhitzen ➟ Bohnen, Dill und etwas Salz in die Pfanne geben, gut vermengen und kurz dünsten.

☺ Etwas Öl oder Butter in einem Topf zerlassen ➟ eine Schicht Reis locker in den Topf geben, dann eine Schicht Bohnen darauf verteilen usw. bis alle Zutaten verbraucht sind. Die letzte Schicht soll Reis sein ➟ Topfdeckel mit einem Geschirrtuch umwickeln, Topf zudecken und bei sehr schwacher Hitze 15 bis 20 Minuten köcheln lassen bis der Reis trocken und gar ist ➟ Reis mit einem Schaumlöffel vorsichtig vermengen, in eine Servierschale geben, Safranwasser darüber träufeln und heiß zu Fleisch servieren. Als Beilage Jogurt servieren.

❁❁❁❁❁❁❁❁❁❁❁

Reis mit Bohnen und Fleisch

Zutaten:

1 Tasse Langkornreis (Basmati), waschen und abtropfen lassen
1 Teelöffel salz
Etwas Öl oder Butter
2 bis 3 Fäden Safran, in 3 Esslöffel warmem Wasser auflösen
150 g Fleisch, waschen und in kleine Würfel schneiden
250 g frische, grüne Bohnen, waschen, Enden abschneiden und vierteln
1/4 Tasse Tomatensaft
1 Zwiebel, schälen und fein hacken
1/2 Teelöffel gemischte Gewürze:
  Korianderpulver
  Zimtpulver

Kardamompulver
Kurkumapulver
Salz
Pfeffer
Öl

Man kann auch Erbsen statt Bohnen verwenden.

So wird es gemacht:

☺ Etwas Öl in einer tiefen Pfanne erhitzen, Zwiebeln dazugeben und dünsten bis sie Farbe annehmen ➟ Fleischwürfel, Gewürzmischung, Salz und Pfeffer dazugeben, umrühren und braten bis das Fleisch gar ist ➟ Tomatensaft dazugeben und etwas Wasser darüber gießen bis das Fleisch mit der Flüssigkeit bedeckt ist ➟ Topf zudecken und bei schwacher Hitze ca. 10 bis 15 Minuten köcheln lassen ➟ Bohnen untermengen und köcheln lassen bis die Bohnen gar sind und die Flüssigkeit verdampft ist.

☺ Reichlich Wasser, 1 Teelöffel Salz und etwas Öl in einen Topf geben und zum Kochen bringen ➟ Reis in das kochende Wasser geben und 3 bis 4 Minuten brodeln lassen ➟ durch ein Sieb geben und abtropfen lassen. Dann wieder in den Topf geben, etwas Butter darauf verteilen und den Topf zudecken.

☺ Etwas Öl oder Butter in einem Topf zerlassen ➟ eine Schicht Reis locker in den Topf geben, dann eine Schicht Bohnen und Fleisch darauf verteilen usw. bis alle Zutaten verbraucht sind. Die letzte Schicht soll Reis sein ➟ Topfdeckel mit einem Geschirrtuch umwickeln, Topf zudecken und bei sehr schwacher Hitze 15 bis 20 Minuten köcheln lassen bis der Reis trocken und gar ist ➟ Reis mit einem Schaumlöffel vorsichtig vermengen, in eine Servierschale geben, Safranwasser darüber träufeln und heiß zu Fleisch servieren. Als Beilage Jogurt servieren.

Reis mit Fleisch und getrockneten Aprikosen

Zutaten:

250 g Fleisch, in Würfel schneiden, waschen und abtropfen lassen
150 g getrocknete Aprikosen, waschen, abtrocknen und in Würfel schneiden
Handvoll Rosinen ohne Kerne, mit Wasser bedecken und 10 Minuten stehen lassen, dann durch ein Sieb geben und abtropfen lassen
1 kleine Zwiebel, schälen und hacken
1/2 Teelöffel Zimt
Salz
2 bis 3 Safranfäden, in 3 Esslöffel warmem Wasser auflösen
1 Tasse Langkornreis (Basmati), waschen und abtropfen lassen
1 Teelöffel Salz
Etwas Öl oder Butter
Butter

So wird es gemacht:

☺ Reichlich Wasser, 1 Teelöffel Salz und etwas Öl in einen Topf geben und zum Kochen bringen ➟ Reis in das kochende Wasser geben und 3 bis 4 Minuten brodeln lassen ➟ durch ein Sieb geben und abtropfen lassen. Dann wieder in den Topf geben, etwas Butter darauf verteilen und den Topf zudecken.

☺ Etwas Öl oder Butter in einer tiefen Pfanne erhitzen ➟ Zwiebeln in das heiße Öl geben und braten ➟ Salz und Zimt darüber geben, umrühren, die Fleischwürfel dazugeben und braten bis sie gar sind und Farbe angenommen haben, dann die Fleischwürfel mit Wasser bedecken und kochen lassen, bis das Fleisch sehr gar und die Flüssigkeit verdampft ist ➟ Safranwasser untermengen, Pfanne vom Herd nehmen und beiseite stellen.

☺ Etwas Öl in einer Pfanne erhitzen, Aprikosen dazugeben und ein paar Minuten weich dünsten ➠ Pfanne vom Herd nehmen und beiseite stellen.

☺ Etwas Öl oder Butter in einem Topf zerlassen ➠ eine Schicht Reis locker in den Topf geben, dann eine Schicht Fleisch darauf verteilen, dann eine Schicht Reis darauf verteilen, dann eine Schicht Aprikosen und Rosinen darauf geben usw. bis alle Zutaten verbraucht sind. Die letzte Schicht soll Reis sein ➠ Topfdeckel mit einem Geschirrtuch umwickeln, Topf zudecken und bei sehr schwacher Hitze 15 bis 20 Minuten köcheln lassen bis der Reis trocken und gar ist ➠ Reis mit einem Schaumlöffel vorsichtig vermengen, in eine Servierschale geben, Safranwasser darüber träufeln und heiß servieren.

Kabeli
Reis mit Fleisch und Nüssen

Zutaten:

250 g Langkornreis, waschen, Wasser darüber geben und 2 Stunden stehen lassen, dann durch ein Sieb geben und abtropfen lassen
250 g Fleisch, in Würfel schneiden, waschen abtropfen lassen
1 Zwiebel, schälen und fein hacken
1 Knoblauchzehe, schälen, mit etwas Salz in einen Mörser geben und zerdrücken
2 bis 3 Karotten, schälen, vierteln und in feine Streifen schneiden
50 g Rosinen ohne Kerne, ca. 10 Minuten in Wasser einweichen, durch ein Sieb geben und abtropfen lassen
25 g oder mehr Mandelstreifen
25 g Pistazien, in Streifen schneiden
Je 1/4 Teelöffel:
- Gemahlener Zimt
- Nelkenpulver
- Kardamompulver

2 Esslöffel gehackter Koriander
Butter
1/2 Tasse Tomatensaft
Salz
Pfeffer

So wird es gemacht:

☺ 2 Esslöffel Butter in einem Topf zerlassen ➟ Fleischwürfel in die heiße Butter geben und bei starker Hitze goldbraun braten ➟ aus der Pfanne nehmen und beiseite stellen.
☺ Zwiebeln in die heiße Butter geben, Temperatur reduzieren und die Zwiebeln weich dünsten ➟ Knoblauch untermengen und kurz dünsten ➟ Fleischwürfel, Gewürze, Salz und Pfeffer zu den Zwiebeln geben, umrühren, mit Wasser bedecken und köcheln lassen bis das Fleisch gar ist ➟ Pfanne vom Herd

nehmen und beiseite stellen, dann Fleisch aus der Soße nehmen und beiseite stellen.
☺ Ein Paar Esslöffel Butter in einer Pfanne erhitzen ➟ Karotten dazugeben, salzen und pfeffern und weich dünsten, dann Kardamompulver darüber streuen, umrühren und kurz dünsten ➟ Karotten mit Wasser bedecken und köcheln lassen bis sie sehr weich sind, dann aus der Pfanne nehmen und beiseite stellen. Das Kochwasser zur Soße geben.
☺ Etwas Butter in der Pfanne erhitzen und die Nüsse darin rösten bis sie etwas Farbe annehmen.
☺ Tomatensaft, Gewürze, Koriander, Salz und Pfeffer zur Soße geben und gut verrühren.
☺ Reichlich Wasser, Soße und ca. 1 Teelöffel Salz und etwas Öl in einen Topf geben und zum Kochen bringen ➟ Reis in das kochende Wasser geben und 3 bis 4 Minuten brodeln lassen ➟ durch ein Sieb geben und abtropfen lassen. Dann wieder in den Topf geben, etwas Butter darauf verteilen und den Topf zudecken.
☺ Etwas Butter in einem Topf zerlassen ➟ Reis und Zutaten schichtweise locker in den Topf geben. Die erste und die letzte Schicht soll Reis sein ➟ Topfdeckel mit einem Geschirrtuch umhüllen, Topf zudecken und ca. 30 Minuten bei sehr schwacher Hitze köcheln lassen bis der Reis gar und trocken ist ➟ Topfinhalt mit einem Löffel vorsichtig mischen, auf eine Servierblatte geben und mit Salz, frischen Kräutern oder Jogurt servieren.

Karotten mit Reis

Zutaten:

1 Tasse Reis, wie auf Seite 26/27 beschrieben kochen
250 g Karotten, schälen, vierteln und in feine Stifte zerkleinern
100 bis 150 g Hackfleisch
1 Zwiebel, schälen und mit einer Küchenmaschine reiben oder durch einen Fleischwolf drehen
1 Esslöffel Zucker
1/2 Teelöffel Kurkumapulver
Saft einer halben Zitrone
Butter oder Öl
Salz
Pfeffer

So wird es gemacht:

☺ Hackfleisch, Zwiebeln, Kurkuma, Salz und Pfeffer in eine Schale geben und gut verkneten, dann zwischen den Handflächen zu kleinen Kugeln formen ➟ Butter (oder Öl) in einer Pfanne zerlassen ➟ Fleischkugeln in die heiße Butter geben und rundherum braten bis sie Farbe annehmen ➟ Karottenstifte untermengen und dünsten, bis sie weich sind ➟ Zucker und Zitronensaft darüber geben, gut verrühren, Pfanne zudecken und bei schwacher Hitze köcheln lassen bis die Karotten gar und die Soße fast verdunstet ist ➟ Pfanneninhalt zum Reis geben und mit einem Löffel vorsichtig mischen ➟ heiß mit eingelegten Zutaten und frischen Kräuter servieren.

❁❁❁❁❁❁❁❁❁❁

Reis mit Linsen

Zutaten:

50 bis 60 g grüne Linsen, waschen
25 g Rosinen ohne Kerne, waschen und ca. 10 Minuten in Wasser einweichen, durch ein Sieb geben, abtropfen lassen und halbieren
Öl oder Butter
1 Tasse Langkornreis (Basmati), waschen und abtropfen lassen
1 Teelöffel Salz
Etwas Öl oder Butter
2 bis 3 Fäden Safran, in 3 Esslöffel warmem Wasser auflösen
Butter

So wird es gemacht:

☺ Linsen und etwas Salz in einen Topf geben, mit Wasser bedecken und gar kochen ➟ durch ein Sieb geben und das Kochwasser aufbewahren.

☺ Etwas Öl oder Butter in einer Pfanne erhitzen, Rosinen dazugeben und kurz braten bis sie ihre Farbe ändern ➟ Pfanne vom Herd nehmen.

☺ Linsenkochwasser, Reichlich Wasser, 1 Teelöffel Salz und etwas Öl in einen Topf geben und zum Kochen bringen ➟ Reis in das kochende Wasser geben und 3 bis 4 Minuten brodeln lassen ➟ durch ein Sieb geben und abtropfen lassen. Dann wieder in den Topf geben, etwas Butter darauf verteilen und den Topf zudecken.

☺ Etwas Butter in einem Topf zerlassen ➟ Reis, Linsen und Rosinen Schichtweise in den Topf geben (die erste und die letzte Schicht soll Reis sein) ➟ Topfdeckel mit einem Geschirrtuch umhüllen, Topf zudecken und bei sehr schwacher Hitze ca. 30 Minuten köcheln lassen bis der Reis gar und trocken ist ➟ Topfinhalt mit einem Löffel vorsichtig mischen und heiß mit Fleisch servieren.

Fleisch- und Gemüsegerichte

Fleisch mit Auberginen

Zutaten:

1 kg Auberginen, Stielansatz abschneiden, der Länge nach halbieren, dann vierteln und in ca. 5 cm Würfel schneiden, in ein Sieb geben, mit Salz bestreuen und ca. 30 Minuten stehen lassen, damit (eventuell) die bitteren Säfte austropfen können
250 g Fleisch, in ca. 4 bis 5 cm Würfel schneiden, waschen und abtropfen lassen
1 Zwiebel, schälen, halbieren und in dünne Streifen schneiden
1 bis 2 Knoblauchzehen, schälen, mit etwas Salz in einem Mörser zerdrücken
3 Tomaten, Haut mit einem scharfen Messer kreuzweise anritzen, in einen Topf oder eine Schale geben, mit kochendem Wasser überbrühen, ein paar Minuten stehen lassen, dann Haut abziehen und fein hacken
1 Esslöffel Tomatenmark, in ca. 1 Tasse warmem Wasser auflösen
Saft einer halben Zitrone
1/2 Teelöffel Kurkumapulver
Salz
Pfeffer
Öl

Man kann statt Auberginen Okra, grüne Bohnen oder eine andere Gemüsesorte verwenden.

Frische Okra: Kleine Okraschoten verwenden. Stielansatz kegelförmig abschneiden.

Getrocknete Okra:

Reichlich Wasser und etwas Salz in einen Topf geben und zum Kochen bringen, Okra dazugeben und ein paar Minuten brodeln lassen, dann durch ein Sieb geben und abtropfen lassen.

Grüne Bohnen:
Enden abschneiden und halbieren.

So wird es gemacht:

☺ Etwas Öl in einen Topf geben und erhitzen ➟ Fleischwürfel dazugeben und goldbraun braten ➟ Zwiebeln untermengen und bei mittlerer Hitze dünsten bis sie Farbe annehmen ➟ Tomaten, aufgelöstes Tomatenmark, Knoblauchpaste, Kurkuma, etwas Zitronensaft, Salz und Pfeffer zum Fleisch geben und gut umrühren ➟ Wasser darüber geben bis alles bedeckt ist ➟ Topf zudecken und kochen lassen (25 bis 30 Minuten) köcheln lassen bis das Fleisch weich ist. Zwischendurch umrühren ➟ Auberginenwürfel und eventuell etwas Wasser zum Fleisch geben, umrühren, Topf zudecken und köcheln lassen bis die Auberginen gar sind ➟ heiß mit Reis (siehe Seite 26) und Salat servieren.

✵✵✵✵✵✵✵✵✵✵

Kürbis mit Quark

Zutaten:

500 g Kürbisfruchtfleisch, in Würfel schneiden
250 g Quark
2 mittelgroße Tomaten, halbieren, Samen entfernen und hacken
2 Zwiebeln, schälen und hacken
1 bis 2 Knoblauchzehen, schälen, mit etwas Salz in einen Mörser geben und zerdrücken
1 lange, milde Peperoni, Stielansatz abschneiden, der Länge nach halbieren, Samen entfernen und fein hacken
7 bis 8 Esslöffel Milch
Salz
Pfeffer
Butter
Öl

So wird es gemacht:

☺ Quark in eine Schale geben, Milch, Knoblauchpaste, ca. 1 Esslöffel Öl, etwas Zitronensaft, Salz und Pfeffer dazugeben und glatt rühren.

☺ Etwas Butter in einen Topf geben und zerlassen ➟ Kürbiswürfel in die heiße Butter geben, salzen und pfeffern und dünsten bis sie Farbe annehmen ➟ Topf vom Herd nehmen und beiseite stellen.

☺ 2 bis 3 Esslöffel Butter in einem Topf zerlassen ➟ Zwiebeln in die heiße Butter geben und dünsten bis die Zwiebeln weich sind und etwas Farbe angenommen haben ➟ Tomaten und Peperoni zu den Zwiebeln geben, umrühren und gar dünsten ➟ Kürbis dazugeben, umrühren und bei schwacher Hitze köcheln lassen bis die Kürbiswürfel gar sind ➟ salzen und pfeffern.

☺ Einen Teil der Quarksoße in eine Servierschüssel geben ➟ Kürbis in die Schüssel geben, dann die restliche Quarksoße darüber verteilen und mit Reis (siehe Seite 26) servieren.

✵✵✵✵✵✵✵✵✵✵✵

Fleisch mit Jogurt

Zutaten:

1 Tasse Jogurt, gut verrühren
250 g Hackfleisch
1 kleine Zwiebel, schälen und fein hacken
1/4 Teelöffel Kurkumapulver
1/2 Teelöffel Currypulver
Ein Prise Kardamompulver
Ein Prise Nelkenpulver
Salz
Pfeffer
Öl oder Butter

So wird es gemacht:

☺ Hackfleisch, Zwiebeln, Salz, Pfeffer, Kardamompulver, Currypulver und Nelkenpulver in eine Schale geben und gut verkneten, dann zwischen den Handflächen zu kleinen Bällchen formen.

☺ Öl oder Butter in einer tiefen Pfanne erhitzen ➠ Fleischbällchen in das heiße Öl oder die heiße Butter geben und goldbraun braten ➠ 1/2 Tasse heißes Wasser darüber geben, Topf zudecken und ca. 20 Minuten köcheln lassen bis die Fleischbällchen weich sind ➠ Jogurt in die Pfanne geben, vorsichtig umrühren und bei offenem Topf ein paar Minuten köcheln lassen ➠ mit Salz und Pfeffer abschmecken, heiß mit Reis oder Brot und Salat servieren.

✵✵✵✵✵✵✵✵✵✵

Fleisch mit frischen Kräutern

Zutaten:

500 g Fleisch ohne Knochen, in kleine Würfel schneiden, waschen und abtropfen lassen
1 Bund Lauchzwiebeln, Stielansätze abschneiden, gewelkte Blätter entfernen und hacken (auch die grünen Blätter)
1 Bund Dill, Blätter vom Stiel entfernen und hacken
1 Bund Petersilie, Blätter waschen und grob hacken
Frische Korianderblätter, Menge nach Geschmack, hacken
1 Schalotte, schälen und hacken
1/2 Teelöffel Kurkumapulver
Ein paar Safranfäden, in 2 bis 3 Esslöffel warmem Wasser einweichen
Salz
Pfeffer
Öl

So wird es gemacht:

☺ Fleischwürfel in eine Schale geben, Salz, Pfeffer und Kurkuma dazugeben, gut vermengen und ca. 30 Minuten ziehen lassen.

☺ Etwas Öl in einem Topf erhitzen ➟ Fleischwürfel in das heiße Öl geben und braten bis sie Farbe annehmen ➟ Zwiebeln dazugeben, gut vermengen und weiter braten, bis die Zwiebeln weich sind ➟ 2 Tassen heißes Wasser darüber gießen, Topf zudecken und ca. 30 Minuten köcheln lassen.

☺ Etwas Öl in einer tiefen Pfanne erhitzen, Kräuter dazugeben und dünsten bis sie weich sind ➟ salzen und pfeffern.

☺ Kräutermischung zum Fleisch geben ➟ Topf zudecken und köcheln lassen bis das Fleisch weich ist und die Soße dicker wird ➟ Safranwasser darüber träufeln und heiß mit Reis (siehe Seite 26) und Salat servieren.

✵✵✵✵✵✵✵✵✵✵

Auberginen mit Zwiebeln und Tomaten

Zutaten:

3 bis 4 große Tomaten, in Scheiben schneiden und Stielansätze abschneiden
2 große Zwiebeln, schälen und in dünne Scheiben schneiden
1 mittelgroße Aubergine, Stielansatz abschneiden, schälen, in dünne Scheiben schneiden, in ein Sieb geben, mit Salz bestreuen und ca. 15 Minuten stehen lassen, damit die bitteren Säfte austropfen können
2 bis 3 Knoblauchzehen, schälen und in dünne Scheiben schneiden oder mit etwas Salz in einen Mörser geben und zerdrücken
1/2 Bund Petersilie, Blätter waschen und grob hacken
1/2 Bund Koriander, Blätter waschen und hacken (oder Menge nach Geschmack)
Salz
Pfeffer
Öl

So wird es gemacht:

☺ Petersilie, Koriander und Knoblauchpaste in eine Schale geben und gut vermengen.

☺ Zwiebeln, Tomaten und Auberginen Schichtweise in einen Topf legen, dabei Salz und Pfeffer darauf streuen und Kräuter darauf geben ➟ 2 bis 3 Esslöffel Öl und 1/4 Tasse heißes Wasser darüber gießen ➟ Topf zudecken und 20 bis 25 Minuten köcheln lassen bis das Gemüse gar ist und die Soße dicker ist ➟ Reis auf Servierteller geben, Gemüse darauf verteilen und heiß mit Salat oder frischen Kräutern servieren.

✻✻✻✻✻✻✻✻✻✻

Auberginen mit Tomaten

Zutaten:

1 große Aubergine, Stielansatz abschneiden, schälen, halbieren, vierteilen und in dünne Scheiben schneiden, dann in ein Sieb geben, mit Salz bestreuen und ca. 15 Minuten stehen lassen, damit (eventuell) die bitteren Säfte austropfen können
250 g Tomaten, enthäuten (siehe Seite 8) und in feine Scheiben schneiden
Öl, zum Braten
Salz
Pfeffer

So wird es gemacht:

☺ Öl in einer tiefen Pfanne erhitzen ➟ Auberginen in das heiße Öl geben und von beiden Seiten goldbraun braten ➟ Tomaten über die Auberginen geben ➟ salzen und pfeffern ➟ 7 bis 8 Esslöffel (1/3 Tasse) heißes Wasser darüber geben und bei schwacher Hitze ca. 15 bis 20 Minuten köcheln lassen bis das Gemüse gar ist und die Soße dickflüssig ist ➟ Reis auf Servierteller geben, Auberginen darauf verteilen und heiß mit Salat oder frischen Kräutern servieren.

✺✺✺✺✺✺✺✺✺✺✺

Fleisch mit Auberginen und Granatapfelsaft

Zutaten:

500 g Fleisch, in Würfel schneiden, waschen und abtropfen lassen
1 Aubergine, schälen, in Scheiben schneiden, dann halbieren, in ein Sieb geben, mit Salz bestreuen und ca. 15 Minuten stehen lassen, damit (eventuell) die bitteren Säfte austropfen können. Wer keine Auberginen mag, kann andere Gemüsesorten verwenden, zum Beispiel Flaschenkürbis etc.
100 g Walnüsse, hacken
1 Tasse Granatapfelsaft
1 Zwiebel, schälen und hacken
1 Esslöffel Mehl
1 Teelöffel Kurkumapulver
Zitronensaft
1 Teelöffel Kardamompulver
Salz
Pfeffer
Öl oder Butter

So wird es gemacht:

☺ Zwiebeln, Kurkuma, etwas Mehl, Salz und Pfeffer in eine Schale geben und gut vermengen ➡ 1 bis 2 Esslöffel Butter oder Öl in einer Pfanne erhitzen, Zwiebeln dazugeben und goldbraun dünsten, aus der Pfanne nehmen und auf Küchenpapier geben, damit das überschüssige Öl entfernt wird.

27

☺ Etwas Öl oder Butter in einem Topf erhitzen ➟ etwas Salz, Mehl und gehackte Nüsse zum Fleisch geben und gut vermengen ➟ Fleischwürfel in das heiße Öl geben und rundherum braun braten ➟ 1/2 Tasse heißes Wasser darüber geben und rühren, dann Granatapfelsaft dazugeben und mit Salz und etwas Zitronensaft abschmecken ➟ Topf zudecken und ca. 20 Minuten kochen lassen bis das Fleisch gar ist und die Soße dicker wird.

☺ Öl in einer Pfanne erhitzen ➟ Auberginenscheiben in das heiße Öl geben und von beiden Seiten goldbraun braten ➟ aus der Pfanne nehmen, kurz abtropfen lassen und über das Fleisch geben ➟ Topf zudecken und ca. 5 Minuten köcheln lassen ➟ Topfinhalt in eine Servierschale geben und mit Reis, gebratenen Zwiebeln und Salat servieren.

✲✲✲✲✲✲✲✲✲✲

Khorma
Afghanisches Gulasch

Zutaten:

500 g Fleisch, in Würfel (3 bis 4 cm) schneiden, waschen und abtropfen lassen
2 bis 3 große Zwiebeln, schälen und hacken
3 Knoblauchzehen, schälen und fein hacken oder mit etwas Salz in einen Mörser geben und zerdrücken
1 Tomate, hacken
1/2 Tasse Tomatensaft oder 1 Esslöffel Tomatenmark in 1/2 Tasse warmem Wasser auflösen
Handvoll getrocknete Aprikosen oder Pflaumen, kurz in Wasser einweichen dann hacken
Salz
Pfeffer
Öl oder Butter

So wird es gemacht:

☺ Etwas Öl oder Butter in einem Topf erhitzen, Fleischwürfel dazugeben und scharf anbraten, salzen und pfeffern und aus dem Topf nehmen ➟ Zwiebeln in den Topf geben und dünsten, bis sie eine hellgelbe Farbe annehmen ➟ Knoblauch und Tomaten untermengen und dünsten bis die Flüssigkeit fast verdampft ist ➟ Tomatensaft dazugeben und gut verrühren ➟ Fleischwürfel und getrocknete Zutaten dazugeben, mit Wasser fast bedecken, Topf zudecken und kochen lassen bis das Fleisch gar ist und die Soße dicker wird. Falls während des Kochens die Flüssigkeit verdampft ist, etwas Wasser darüber geben ➟ mit Salz und Pfeffer abschmecken ➟ heiß mit Reis oder Brot und Salat servieren.

✵✵✵✵✵✵✵✵✵✵

Fleisch mit getrockneten Früchten

Zutaten:

250 g getrocknete Früchte ,Aprikosen, Pflaumen etc. waschen
100 g verschiedene Nüsse ,Walnüsse, Pistazien, Mandeln etc., blanchieren und die dünnen Schalen entfernen
250 g Hackfleisch
1 Zwiebel, schälen und reiben oder fein hacken
50 g kleine, gelbe, halbierte Erbsen
Ein paar Safranfäden, in 2 bis 3 Esslöffel warmem Wasser auflösen
Salz und Pfeffer
Öl oder Butter

28

So wird es gemacht:

☺ Hackfleisch, Zwiebeln, Salz und Pfeffer in eine Schale geben und gut verkneten ➟ Fleischteig zwischen den Handflächen zu kleinen Bällchen formen ➟ Öl oder Butter in einer tiefen Pfanne oder einem Topf erhitzen, Fleischbällchen dazugeben und rundherum braten bis sie eine braune Farbe annehmen ➟ Erbsen dazugeben und umrühren ➟ 1/2 Tasse heißes Wasser darüber geben, umrühren und bei schwacher Hitze 25 bis 30 Minuten köcheln lassen bis die Erbsen gar sind.

☺ Die Nüsse in einer Pfanne und bei schwacher Hitze rösten bis sie Farbe annehmen.

☺ Getrocknete Früchte und geröstete Nüsse zum Fleisch geben und untermengen ➟ abschmecken und ca. 15 Minuten köcheln lassen bis die Soße sehr dickflüssig wird ➟ in eine Servierschale geben, Safranwasser darüber träufeln und heiß mit Reis servieren.

✵✵✵✵✵✵✵✵✵✵

Okra mit Fleisch بهندي

Zutaten:

250 g getrocknete oder frische, kleine Okraschoten. Frische Schoten: Stielansätze kegelförmig abschneiden
500 g Fleisch, in ca. 3 cm Würfel schneiden, waschen und abtropfen lassen
1/2 Bund Koriander, Blätter waschen und hacken. Ersatzweise Petersilie
1 große Zwiebel, schälen und fein hacken
1 Knoblauchzehe, schälen, mit etwas Salz in einen Mörser geben und zerdrücken
3 bis 4 Tomaten, hacken
2 Esslöffel Tomatenmark
1 Prise Chilipulver
1/2 Teelöffel Kurkumapulver
1/2 Teelöffel mildes Paprikapulver
Zitronensaft
Salz
Pfeffer
Öl

So wird es gemacht:

☺ Reichlich Wasser in einen Topf geben, zum Kochen bringen und Salz dazugeben ➡ Okraschoten in das heiße Wasser geben und 4 bis 5 Minuten brodeln lassen, durch ein Sieb geben und abtropfen lassen.
☺ Etwas Öl in einer Pfanne erhitzen, Okraschoten dazugeben

und braten bis sie Farbe annehmen.

☺ Ein Sieb mit Küchenpapier auslegen, gebratene Okra in das Sieb geben, damit das überschüssige Öl entfernt wird.

☺ Etwas Öl in einen Topf geben und erhitzen ➠ Fleischwürfel in das heiße Öl geben, salzen und pfeffern und braten bis das Fleisch Farbe angenommen hat und die Flüssigkeit verdampft ist.

☺ Das Fleisch mit Wasser bedecken, dann die Okra dazugeben und zum Kochen bringen, Tomatenmark dazugeben und auflösen ➠ Okraschoten dazugeben, kurz aufkochen lassen, dann bei mittlerer Hitze kochen lassen.

☺ Etwas Öl in einer Pfanne erhitzen, Zwiebeln dazugeben und glasig dünsten, Knoblauchpaste untermengen ➠ Koriander und Gewürze untermengen, kurz dünsten und zum

Fleisch geben ➟ in der gleichen Pfanne, die Tomaten weich dünsten, zum Fleisch geben und gut verrühren ➟ mit Salz, Pfeffer und Zitronensaft abschmecken, Topf zudecken und kochen lassen bis die Fleischwürfel sehr weich sind und die Soße dicker wird ➟ heiß mit Reis und Salat servieren.

✺✺✺✺✺✺✺✺✺✺

Quitten mit Fleisch

Zutaten:

2 reife Quitten, schälen und in Würfel schneiden
500 g Fleisch, in Würfel schneiden, waschen und abtropfen lassen
1 Zwiebel, schälen und hacken
75 g kleine, gelbe, halbierte Erbsen
1 bis 2 Esslöffel brauner Zucker
1/2 Teelöffel Kurkuma
Saft einer Zitrone
Salz
Pfeffer
Öl

So wird es gemacht:

☺ Fleischwürfel, Zwiebeln, Kurkuma, Pfeffer und etwas Salz in eine Schale geben und gut vermengen.

☺ Etwas Öl in einen Topfe geben und erhitzen ➟ Fleisch in das heiße Öl geben und braten bis die Fleischwürfel Farbe annehmen ➟ 1 Tasse heißes Wasser darüber geben, Topf zudecken und 20 bis 30 Minuten köcheln lassen ➟ Erbsen dazugeben und köcheln lassen bis die Erbsen weich sind ➟ Quitten untermengen. Falls die Soße ganz verdampft ist, etwas heißes Wasser darüber geben und rühren ➟ braunen Zucker und etwas Zitronensaft dazugeben und rühren ➟ mit Salz abschmecken und köcheln lassen bis alle Zutaten gar sind und eine dicke, braune Soße entstanden ist ➟ heiß mit Reis oder Brot servieren.

✺✺✺✺✺✺✺✺✺✺

Kebab

Gegrilltes, gebackenes und gekochtes Fleisch

Hackfleischspieße

Zutaten:

500 g Hackfleisch
2 Zwiebeln, schälen und fein hacken
1/2 Teelöffel Kurkumapulver oder Safran
Paprikapulver, Menge nach Geschmack
1 Ei, aufschlagen, in eine kleine Schale geben und gut verrühren. Wer kein Ei mag, kann ca. 2 Esslöffel Paniermehl nehmen
Salz
Pfeffer

So wird es gemacht:

☺ Fleisch und Zwiebeln in eine Schale geben und gut vermengen ➟ Schale zudecken und 1 bis 2 Stunden im Kühlschrank aufbewahren.
☺ Kurz vor dem Grillen, bereiten Sie den Grill vor, der sehr gut vorgeheizt sein muss.
☺ Gewürze und Ei zur Fleischmasse geben und mit der Hand gut verkneten ➟ mit angefeuchteten Händen eine Handvoll Fleischteig, zu Würstchen formen, einen Spieß durch die Fleischwürste schieben und das Fleisch mit der Hand zusammenpressen. Danach kann mit den Grillen begonnen werden.
Spieße mit Salat, Jogurt, Brot oder Reis servieren.

Vermerk:
Man kann die Fleischwürste auch in heißem Öl braten.

****

36

37

Fleischspieße تکه
Variante 1

Zutaten:

500 g Lammfilets, in ca. 8 bis 10 cm große und 2 bis 3 cm dicke Würfel schneiden, waschen und abtropfen lassen
2 Zwiebeln, schälen und in Streifen schneiden
Saft einer Zitrone
Salz
Pfeffer
Paprikapulver

So wird es gemacht:

☺ Alle Zutaten in eine große Schale geben, gut vermengen und 3 bis 4 Stunden im Kühlschrank stehen lassen, zwischendurch wenden.
☺ Kurz vor dem Grillen, bereiten Sie den Grill vor, der sehr gut vorgeheizt sein muss.
☺ Fleischwürfel auf Spieße stechen und über Holzkohle grillen, dabei häufig drehen und mit Marinade bestreichen ➟ gegrilltes Fleisch mit Reis und Salat oder Brot servieren.

****

Variante 2

Zutaten:

500 g Fleisch, Sorte nach Belieben, in kleine Würfel schneiden (4 bis 5 cm), waschen und abtropfen lassen
2 Knoblauchzehen, schälen, mit etwas Salz in einen Mörser geben und zerdrücken
1 Zwiebel, schälen, halbieren und in Streifen schneiden
6 bis 7 Esslöffel Jogurt
Etwas Zitronensaft
Pfeffer

Salz

So wird es gemacht:

☺ Alle Zutaten in eine Schale geben, gut vermengen und über Nacht im Kühlschrank aufbewahren. Zwischendurch wenden.
☺ Fleischwürfel auf Spieße stechen und über dem vorgeheizten Grill braten, häufig wenden und mit Marinade bepinseln ➡ heiß mit Brot, Salat, Jogurt oder Reis servieren.

****

Variante 3

Zutaten:

500 g Fleisch, in kleine Würfel schneiden (4 bis 5 cm), waschen und abtropfen lassen
10 bis 12 kleine Schalotten, schälen
5 bis 6 kleine Tomaten
2 Knoblauchzehen, mit etwas Salz in einen Mörser geben und zerdrücken
Zitronensaft
Paprikapulver, Menge nach Geschmack
Salz
Pfeffer
1/2 Teelöffel Öl

So wird es gemacht:

☺ Alle Zutaten (auch Schalotten und Tomaten) in eine Schale geben, gut vermengen und ein paar Stunden stehen lassen.
☺ Fleischwürfel, Schalotten und Tomaten auf Spieße stechen und über dem vorgeheizten Grill braten ➡ heiß mit Brot oder Reis und Salat oder Jogurt servieren.

Vermerk:
Auf die gleiche Art, können Sie Hähnchenfleisch grillen.

****

Variante 4

Zutaten:

500 g Filetsstück, in etwas größere Würfel schneiden, waschen und abtropfen lassen
2 Zwiebeln, schälen, halbieren und in Streifen oder Würfel schneiden
2 Knoblauchzehen, schälen, mit etwas Salz in einen Mörser geben und zerdrücken
1 Esslöffel grob gehackte Petersilie
Etwas Zitronensaft
1 Teelöffel Paprikapulver
Salz
Pfeffer

So wird es gemacht:

☺ Fleisch und die restlichen Zutaten in eine Schale geben, gut vermengen und 3 bis 4 Stunden stehen lassen. Zwischendurch wenden.

☺ 3 bis 4 Fleischwürfel auf je 2 Spieße stechen (siehe das Bild rechts oben).

41

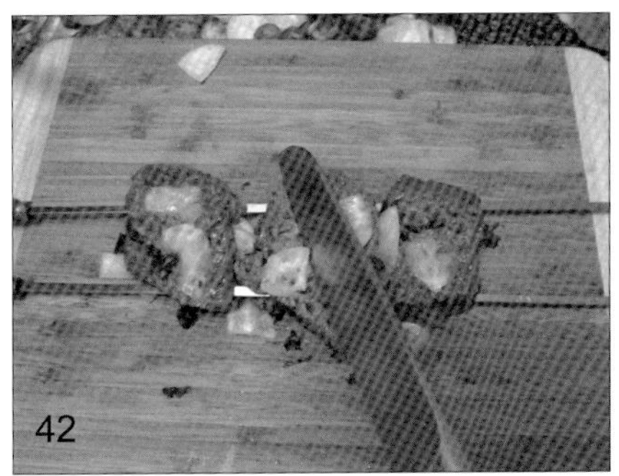

42

☺ Etwas Marinade und Zwiebeln auf die Fleischwürfel geben und mit einem Fleischhammer (oder einem Messer) von beiden Seiten flachklopfen.

43

☺ Die fertigen Spieße über dem vorgeheizten Grill braten, häufig wenden und mit Marinade bepinseln ➟ heiß mit Brot, Salat, Jogurt oder Reis servieren.

44

45

Vermerk:
Die Fleischwürfel kann man auch in einer Pfanne mit etwas Öl braten.
Wenn die Flüssigkeit fast verdampft ist, Marinade dazugeben und weiter braten, bis die Zwiebeln weich sind.

Leber Kebab

Zutaten:

500 g Leber, Sehnen entfernen und die Leber in 4 bis 5 cm Würfel schneiden, waschen und abtropfen lassen
1 Teelöffel Paprikapulver
Eventuell Chilipulver, Menge nach Geschmack
Salz
Pfeffer

So wird es gemacht:

☺ Grill mit Holzkohle füllen und zum Grillen vorbereiten.

☺ Leberwürfel und die restlichen Zutaten in eine Schale geben und gut vermengen, dann die Leberwürfel auf Spieße stechen und knusprig grillen ➟ heiß mit Brot und Salat servieren.

<u>Vermerk:</u>

Auf die gleiche Art kann man Herz und Nieren grillen

****

Topf Kebab

Zutaten:

1 kg Fleischstück
1 Mohrrübe, schälen und in Scheiben schneiden
1 Bund Lauchzwiebeln, gewelkte Blätter und Enden entfernen und die Lauchzwiebeln hacken, auch den grünen Teil
1 große, rote Zwiebel, schälen und vierteln
2 große Tomaten, vierteln
2 Knoblauchzehen, schälen und vierteln
1 Teelöffel Kurkumapulver
Ein paar Safranfäden oder Safranersatz
1/2 Teelöffel mildes Paprikapulver
Saft einer Limette mit 1/4 Tasse Orangensaft verrühren
Paprikapulver
Salz
Pfeffer
Öl

So wird es gemacht:

☺ Fleischstück waschen und abtrocknen ➡ mit einer Messerspitze einige tiefe Schnitte ins Fleisch schneiden und die Knoblauchzehen hineindrücken, mit Salz, Pfeffer und Paprikapulver einreiben.
☺ Backofen auf 180°C vorheizen.
☺ Fleisch in eine Auflaufform oder in einen feuerfesten Topf geben ➡ Zwiebeln, Lauchzwiebeln, Mohrrüben, Tomaten, Orangensaft, Kurkuma, 3 bis 4 Esslöffel Öl, etwas Salz, Pfeffer und Paprikapulver in den Topf geben ➡ Topf zudecken und in den Backofen schieben ➡ nach ca. 15 bis 20 Minuten Topfdeckel entfernen und etwas Wasser über das Fleisch geben, dann weiter backen bis das Fleisch gar ist und nur noch wenig Soße in der Auflaufform übrig geblieben ist. Falls die Flüssigkeit verdampft ist, etwas Wasser darüber geben ➡ Fleischstück in Scheiben schneiden, die Soße in eine extra Schale geben und mit Reis und Salat servieren.

Pfannen Kebab

Zutaten:

500 g Fleisch ohne Knochen, in Würfel schneiden, waschen und abtropfen lassen
1 Apfel, halbieren, Kerngehäuse abschneiden, schälen und in Scheiben schneiden
1 kleine Aubergine, Stielansatz abschneiden, eventuell schälen, in Scheiben schneiden, mit Salz bestreuen und ca. 10 bis 15 Minuten stehen lassen
1 lange, milde Peperoni, Stielansatz abschneiden, der Länge nach halbieren, Samen entfernen und hacken
1 große Zwiebel, schälen und in Scheiben schneiden
2 große Tomaten, in Scheiben schneiden
1 Tasse Orangensaft mit dem Saft einer Zitrone vermischen
1/2 Teelöffel Kurkumapulver
1/4 Teelöffel Nelkenpulver
Salz
Pfeffer
Öl

So wird es gemacht:

☺ Die Zwiebeln in einer tiefen Pfanne schichten, die Hälfte der Tomaten darauf geben, dann die gehackte Peperoni darauf verteilen, darauf die Fleischwürfel geben ➟ die Fleischwürfel mit den restlichen Tomaten bedecken und 4 bis 5 Esslöffel Öl darauf geben ➟ halbe Tasse Orangen-Zitronensaft darüber gießen und mit Gewürzen bestreuen ➟ Pfanne zudecken und köcheln lassen bis das Fleisch gar ist.
☺ Wenn das Fleisch gar ist, Auberginen und Apfelscheiben darauf schichten, dann den restlichen Orangen- Zitronensaft darüber gießen, Pfanne zudecken und ca. 15 Minuten köcheln lassen bis die Auberginen gar sind und die Soße dick wird. Falls die Flüssigkeit verdampft ist, etwas Wasser darüber gießen ➟ Pfannen Kebab mit Salat und Reis oder Brot servieren.

Gerichte mit Hackfleisch

Gebratene Hackfleischbällchen

كوفته

Zutaten:

500 g Hackfleisch
2 Knoblauchzehen, schälen, mit etwas Salz in einen Mörser geben und zerdrücken
1 große Zwiebel, schälen und fein hacken
2 bis 3 Lauchzwiebeln, hacken. Ersatzweise 1 kleine Lauchstange, hacken
1 Tomate, Haut abziehen (siehe Seite 8), Samen entfernen und hacken. Ersatzweise 1 Esslöffel Tomatenmark
1/2 Bund Petersilie, Blätter waschen und hacken
1 Teelöffel mildes Paprikapulver
1/2 Teelöffel Zimtpulver
1 Prise scharfes Chilipulver
1 Ei, aufschlagen, in eine kleine Schale geben und gut verrühren
Salz
Pfeffer
Öl, zum Braten

So wird es gemacht:

☺ Alle Zutaten, außer Öl, in eine Schale geben, gut vermengen und mit der Hand gut verkneten ➟ Schale zudecken und für ca. 1 Stunde kühl stellen.

☺ Hände mit etwas Wasser anfeuchten ➟ etwas Hackfleischteig zwischen den Handflächen zu kleinen Bällchen formen und beiseite stellen. Auf dieser Art auch den restlichen Hackfleischteig bearbeiten.

☺ Öl in einer tiefen Pfanne erhitzen ➟ Hackbällchen in das heiße Öl geben und goldbraun braten, aus der Pfanne nehmen, auf Küchenpapier geben, damit das überschüssige

Öl entfernt wird und heiß mit Salat und Reis oder Brot servieren.

****

Variante 2 mit Gewürzen

Zutaten:

250 bis 300 g Hackfleisch
1 große Zwiebel, schälen und fein hacken
2 Knoblauchzehen, schälen, mit etwas Salz in einen Mörser geben und zerdrücken
3 bis 4 Stangen Lauchzwiebeln, Enden abschneiden, gewelkte Blätter und Silberhaut entfernen und fein hacken. Ersatzweise 1 kleine Lauchstange
2 Esslöffel gehackte Petersilie
1 bis 2 Esslöffel Tomatenmark
1/2 Teelöffel Currypulver
1/4 Teelöffel Kurkumapulver
1/2 Teelöffel mildes Paprikapulver
1/8 Teelöffel Zimt
1 Teelöffel Mehl
Salz
Pfeffer
Öl, zum Braten

So wird es gemacht:

☺ Alle Zutaten (außer Öl) in eine Schale geben und mit der Hand zu einem Fleischteig verkneten, dann zwischen den Handflächen zu Bällchen von ca. 3 cm Durchmesser formen und beiseite stellen.

☺ Öl in einer tiefen Pfanne erhitzen ➟ Fleischbällchen in das heiße Öl geben und goldbraun braten ➟ mit einem Schaumlöffel aus der Pfanne nehmen, abtropfen lassen und heiß mit Brot oder Reis (siehe Seite 26) und Salat oder frischen Kräutern servieren.

****

Kartoffeln mit Hackfleisch

Zutaten:

500 g Hackfleisch
50 g kleine, getrocknete, gelbe Erbsen
250 g Kartoffeln, schälen, vierteln, waschen und abtropfen lassen
1 große Zwiebel, schälen und hacken
1/2 Teelöffel Kurkumapulver
1 Tasse Tomatensaft
Saft einer Zitrone
2 bis 3 Safranfäden, in 2 bis 3 Esslöffel warmem Wasser auflösen
Salz
Pfeffer
Butter
Öl, zum Braten

So wird es gemacht:

☺ Öl in einer tiefen Pfanne erhitzen ➟ Kartoffeln in das heiße Öl geben und goldbraun braten, aus der Pfanne nehmen, salzen und pfeffern und beiseite stellen.
☺ 1 bis 2 Esslöffel Butter in einer tiefen Pfanne zerlassen ➟ Zwiebeln in die heiße Butter geben und weich dünsten, aus der Pfanne nehmen und beiseite stellen ➟ Hackfleisch in die gleiche Pfanne geben, salzen und pfeffern, dann Kurkuma dazugeben und braten, bis es Farbe annimmt ➟ Tomatensaft und ca. 1/2 Tasse Wasser darüber gießen, umrühren und kurz zum Kochen bringen, dann bei mittlerer Hitze kochen lassen bis das Fleisch weich ist ➟ die gelben Erbsen und etwas Zitronensaft dazugeben, Pfanne zudecken und ca. 30 Minuten kochen lassen bis die Erbsen gar sind. Falls die Flüssigkeit verdampft ist, etwas Wasser nachgießen ➟ die gedünsteten Zwiebeln und gebratenen Kartoffeln untermengen ➟ mit Salz, Pfeffer und Zitronensaft abschmecken ➟ Pfanneninhalt in eine Servierschale geben, Safranwasser darüber träufeln und heiß mit Reis (siehe Seite

26) und Salat servieren.

****

Hackbällchen mit Bohnen

Zutaten:

250 g Hackfleisch
1/2 Tasse Klebereis. Ersatzweise Milchreis, waschen, 4 bis 6 Stunden in reichlich Salzwasser einweichen, durch ein Sieb geben und abtropfen lassen
500 g frische oder tiefgefrorene breite Bohnen
1 Zwiebel, schälen und hacken
2 Bund frischer Dill, hacken. Ersatzweise 2 bis 3 Esslöffel getrockneter Dill
1 Teelöffel Kurkumapulver
2 bis 3 Esslöffel gehackte frische Kräuter (Oregano, Petersilie etc.)
Salz
Pfeffer
1/2 Teelöffel mildes Paprikapulver
Etwas Öl
1 Knochen, daraus 1 bis 1½ Liter Brühe kochen

So wird es gemacht:

☺ Breite Bohnen kurz mit kochendem Wasser überbrühen, Haut entfernen und beiseite stellen.

☺ Hackfleisch, Reis, Dill, Salz, Pfeffer und Paprikapulver in eine Schale oder in eine Küchenmaschine geben und gut verkneten ➟ breite Bohnen dazugeben und noch mal kneten ➟ Hackmasse zwischen den Handflächen zu kleinen Bällchen (3 bis 4 cm Durchmesser) formen und beiseite stellen.

☺ Fleischbrühe, Zwiebeln, Kurkuma, Salz, Pfeffer und etwas Öl in einem Topf zum Kochen bringen, frische Kräuter dazugeben ➟ Hackbällchen nach und nach in die Brühe geben und ca. 25 bis 30 Minuten köcheln lassen bis die Bällchen gar sind ➟ die Bällchen mit einem Schaumlöffel aus

der Brühe nehmen, in eine Servierschale geben und heiß mit Brot servieren.
Man kann die Brühe auch extra in einer Schale servieren.

****

Hackbällchen mit Reis

Zutaten:

500 g Hackfleisch
125 g Klebereis, waschen
50 g kleine, gelbe, halbierte Erbsen, in Salzwasser gar kochen, durch ein Sieb geben und abtropfen lassen
1 Zwiebel, schälen und hacken
1 Bund Dill, waschen und hacken
2 Stangen Lauchzwiebeln, hacken
1 Bund Petersilie, Blätter waschen und hacken
1 Teelöffel getrockneter Oregano
1 Esslöffel gehackter Schnittlauch
Salz
Pfeffer

Zutaten für die Füllung:

1 Esslöffel getrocknete Berberitzen
1 kleine Zwiebel, schälen und fein hacken
2 bis 3 Esslöffel gehackte Walnüsse
Öl

Zutaten für die Brühe:

1 Knochen, waschen, in einen Topf geben, 2 Liter Wasser und etwas Salz dazugeben und ca. 15 bis 20 Minuten kochen lassen, dann den Knochen aus der Brühe entfernen
1 Teelöffel Kurkumapulver
3 Esslöffel Tomatenmark
1 Zwiebel, Schälen und in Scheiben schneiden
Ein paar Safranfäden, in eine kleine Schale geben, etwas heiße Brühe darüber gießen und auflösen
Salz und Pfeffer
Etwas Öl

So wird es gemacht:

☺ Brühe vorbereiten:

Etwas Öl in einem Topf erhitzen, Zwiebeln dazugeben und goldbraun braten ➟ Salz, Pfeffer, Kurkuma und Tomatenmark dazugeben und gut vermengen ➟ ca. 2 Liter Brühe darüber gießen und rühren bis das Tomatenmark aufgelöst ist ➟ Brühe kurz zum Kochen bringen, Safranwasser dazugeben und bei schwacher Hitze ca. 15 bis 20 Minuten köcheln lassen.

☺ Füllung vorbereiten:

Etwas Öl in einer Pfanne erhitzen, Zwiebeln dazugeben und goldbraun dünsten ➟ Walnüsse und Berberitzen untermengen, Pfanne vom Herd nehmen und abkühlen lassen.

☺ Erbsen gar kochen, in ein Sieb geben und abtropfen lassen.

☺ Gericht fertig stellen:

① Reis in einen Topf geben, Wasser darüber gießen und kochen lassen bis der Reis gar ist, dann durch ein Sieb geben, abtropfen und abkühlen lassen.

② Hackfleisch, etwas Salz und Pfeffer und Zwiebeln in eine Schale geben und gut verkneten, dann 2 bis 3 mal durch den Fleischwolf drehen.

③ Reis, Erbsen und Kräuter zum Hack geben und ein paar Minuten mit der Hand oder einer Küchenmaschine gut verkneten ➟ mit Salz und Pfeffer abschmecken und den Teig in vier Teile teilen, dann zwischen den Handflächen zu runden Bällen formen ➟ Zeigefinger in die Fleischbälle stechen und die Bälle drehen, damit eine Höhle entsteht ➟ 1/4 der Füllung in die Höhle geben und den Ball verschließen.

④ Die vorbereitete Brühe auf mittlere Hitze stellen, die gefüllten Fleischbälle einzeln in die Brühe geben und ca. 25 bis 30 Minuten köcheln lassen.

Die gekochten Fleischbälle mit einem Schaumlöffel aus der Brühe nehmen und heiß mit Brot und Salat servieren.

Die Brühe kann extra serviert werden.

Gefüllte Reisbällchen

Zutaten:

150 g Klebereis
250 g Hackfleisch
1 kleine Zwiebel, schälen und fein hacken
1 Teelöffel verschiedene Gewürze, in einen Mörser geben und zerdrücken. Die Hälfte davon für die Füllung verwenden:
  Kümmelsamen
  Kardamomsamen
  Zimt
  Nelken
  Koriandersamen
Salz
Pfeffer
Öl, zum Braten
2 Eier, aufschlagen, in eine Schale geben und gut verrühren

Zutaten für die Füllung:

20 g kleine, gelbe, halbierte Erbsen, ca. 30 Minuten in Wasser einweichen
50 g Hackfleisch
1 kleine Zwiebel, schälen und hacken
1/2 Teelöffel zerdrückte Gewürze (siehe Oben) dazu
1/4 Teelöffel Kurkuma
1 Esslöffel gehackte Petersilie
Handvoll Rosinen ohne Kerne, waschen und ca. 15 Minuten in Wasser legen, durch ein Sieb geben, abtropfen lassen und auspressen
Salz
Pfeffer
Öl

So wird es gemacht:

☺ Reis in reichlich Salzwasser kochen lassen bis die Reiskörner sehr weich sind, durch ein Sieb geben, abtropfen lassen und beiseite stellen.

☺ Zutaten für die Füllung vorbereiten:
① Erbsen gar kochen bis sie sehr weich sind ➟ durch ein Sieb geben, abtropfen und abkühlen lassen.
② Etwas Öl in einer Pfanne erhitzen, Zwiebeln dazugeben und goldbraun dünsten ➟ 50g Hackfleisch, zerdrückte Gewürze, Kurkuma, Salz und Pfeffer dazugeben, gut vermengen und braten bis das Hack Farbe angenommen hat ➟ mit Wasser bedecken und köcheln lassen bis das Hack gar und die Flüssigkeit verdampf ist.
③ Gekochte Erbsen, Rosinen und Petersilie zum Hack geben, gut vermengen, Pfanne vom Herd nehmen und abkühlen lassen.
☺ Reis, Hackfleisch, Gewürze, gehackte Zwiebeln, Salz und Pfeffer in eine Schale geben und gut verkneten ➟ Handvoll Teig nehmen (so groß wie eine Zitrone) und zu einem runden Ball formen ➟ mit dem Finger einen Hohlraum in den Teigball drücken ➟ 1 Teelöffel Füllung in den Hohlraum geben, den Teigball schließen und flachdrücken. Auf die gleiche Art, den restlichen Teig verarbeiten.
☺ Öl in einer tiefen Pfanne erhitzen ➟ die gefüllten Fladen in das Ei tauchen und im heißen Öl goldbraun braten ➟ heiß mit Brot, Salat oder frischen Kräutern servieren (siehe Seite 10).

****

Hackbällchen mit Kichererbsenmehl

Zutaten:

250g Hackfleisch
250 g Kichererbsenmehl
1/2 Teelöffel Backpulver
1 Zwiebel, schälen und fein hacken
1 Teelöffel verschiedene Gewürze, in einen Mörser geben und zerdrücken:
Kümmelsamen
Kardamomsamen
Zimt

Nelken
Koriandersamen
Salz
Pfeffer
1 Ei, aufschlagen, in eine kleine Schale geben und rühren
Öl, zum Braten

So wird es gemacht:

☺ Hackfleisch, Zwiebeln, Gewürze, Salz und Pfeffer in einen Topf oder eine Pfanne geben, mit Wasser fast bedecken und kochen lassen bis das Hack gar ist und die Flüssigkeit verdampft ist ➡ Topf oder Pfanne vom Herd nehmen und abkühlen lassen, dann durch einen Fleischwolf drehen (oder eine Küchenmaschine).

☺ Kichererbsenmehl und Backpulver in eine Schale geben ➡ ca. 75 ml Wasser nach und nach dazugeben und zu einer weichen Paste verkneten.

☺ Hackfleischteig und Ei zum Kichererbsenteig geben, gut verkneten und mit Salz und Pfeffer abschmecken ➡ etwas Teig nehmen und zwischen den Handflächen zu Bällchen formen, dann flach drücken. Auf die gleiche Art den restlichen Teig verarbeiten.

☺ Öl in einer Pfanne erhitzen, Teigfladen dazugeben und goldbraun braten ➡ heiß mit Brot und Salat oder Jogurt servieren.

****

Gefüllte Kartoffeltaschen

Zutaten:

1 kg Kartoffeln, schälen
1 Ei, aufschlagen, in eine Schale geben und verrühren
1 Teelöffel Currypulver
1 Teelöffel Kurkumapulver
Salz
Pfeffer
Öl, zum Braten
2 Eier, aufschlagen, in eine Schale geben und gut verrühren

Zutaten für die Füllung:

250 g Hackfleisch
2 Esslöffel gehackte Petersilie
1 Zwiebel, schälen und fein hacken
1/2 Teelöffel Kurkumapulver
1/4 Teelöffel Currypulver
Je 1 Teelöffel:
    Kümmelsamen
    Kardamomsamen
    Zimt
    Nelken
    In einen Mörser geben und zerdrücken
Salz
Pfeffer

So wird es gemacht:

☺ Füllung vorbereiten:
Etwas Öl in eine tiefe Pfanne oder einen Topf geben und erhitzen ➟ gehackte Zwiebeln in das heiße Öl geben und dünsten bis sie Farbe annehmen ➟ Kurkuma, Currypulver, zerdrückte Gewürze, Pfeffer und Salz dazugeben und gut verrühren ➟ Hackfleisch dazugeben und braten bis das Hack eine braune Farbe annimmt ➟ ca. 1/2 Tasse Wasser darüber gießen, umrühren und bei schwacher Hitze köcheln lassen bis

die Flüssigkeit verdampft ist ➟ Petersilie untermengen und die Pfanne oder den Topf vom Herd nehmen, beiseite stellen und abkühlen lassen.

46

47

☺ Kartoffeln in Salzwasser gar kochen, durch ein Sieb geben und abtropfen lassen, dann mit einer Kartoffelpresse oder einer Gabel pürieren und in einer Schale auffangen ➟ Ei, Kurkuma, Currypulver, Salz und Pfeffer dazugeben, gut verkneten und abschmecken.

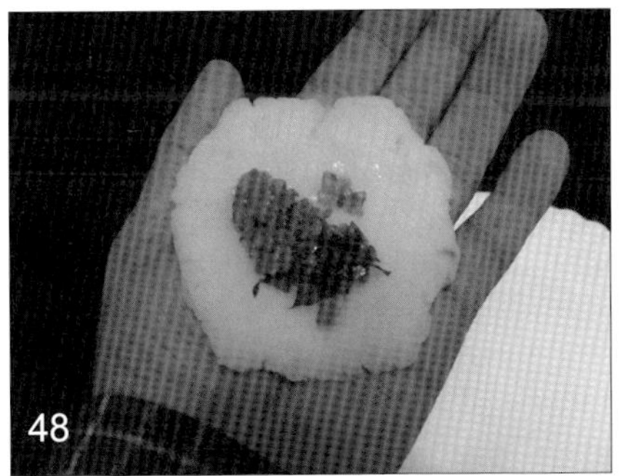
48

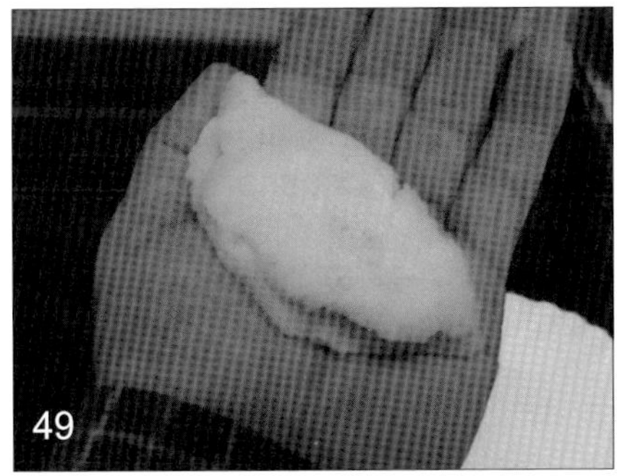
49

☺ Eine Handvoll Püree nehmen und zu einem Ball formen, dann flachdrücken und etwas Füllung auf eine Seite geben, dann die andere Seite darauf legen und die Tasche zwischen den Handflächen rollen ➟ die Rolle flachdrücken

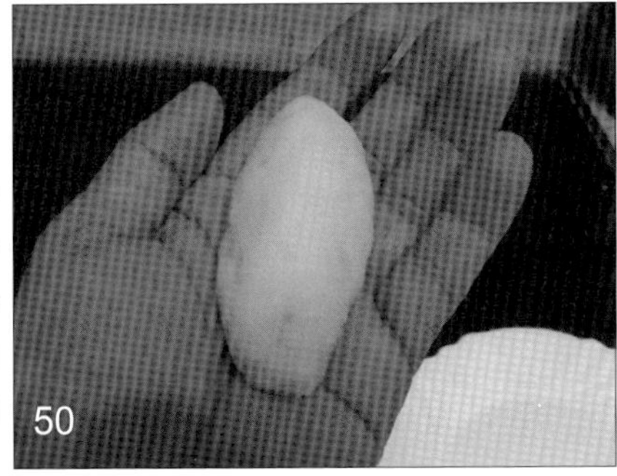
50

und beiseite stellen. Auf die gleiche Art das restliche Püree verarbeiten.

☺ Öl in einer Pfanne erhitzen ➟ die Kartoffeltaschen in Ei wälzen und im heißen Öl goldbraun braten ➟ heiß mit Brot und Salat oder frischen Kräutern servieren (siehe Seite 10).

****

Gefülltes Gemüse دلمه

Gefüllte Zucchini

Zutaten:

1 kg kleine Zucchini. Hellgrüne Zucchini verwenden, diese Sorte gibt es im türkischen oder orientalischen Lebensmittelhandel. Die Zucchini, wie auf Seite 7 beschrieben, aushöhlen.

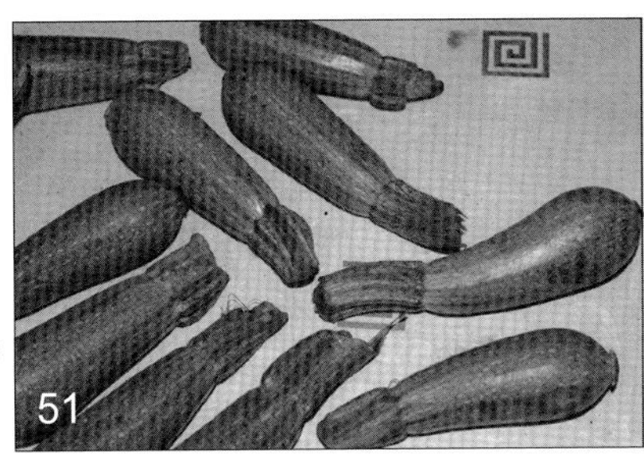
51

3 bis 4 Esslöffel Tomatenmark
1 Esslöffel getrocknete Pfefferminze

Zutaten für die Füllung:

250 g Hackfleisch
1 bis 2 Knochen, waschen
150 g Reis, waschen, abtropfen lassen und ca. 30 Minuten in Wasser einweichen
1 Bund Lauchzwiebeln, Stielansätze abschneiden und gewelkte Blätter entfernen und fein hacken. Ersatzweise 1 rote Zwiebel, schälen und fein hacken
2 Knoblauchzehen, schälen
1 Bund Petersilie, Blätter waschen und hacken
2 Esslöffel gehackter Dill
1/2 Teelöffel Kurkumapulver
Je ein Prise:
- Chilipulver
- Nelkenpulver
- Ingwerpulver
- Zimt

Zitronensaft
Salz
Pfeffer

So wird es gemacht:

☺ Alle Zutaten für die Füllung (außer Knoblauch) in eine Schale geben und gut vermengen ➟ mit Salz abschmecken.

52

53

☺ Die Knochen in einen Topf geben.

☺ Die einzelnen Zucchini 3/4 füllen und die Füllung mit dem Finger reinpressen.

54

55

☺ Die gefüllten Zucchini in den Topf geben.

☺ Tomatenmark in eine Schale geben, kochendes Wasser darüber gießen und rühren, bis das Tomatenmark aufgelöst ist.

☺ Aufgelöstes Tomatenmark über die Zucchini geben, dann soviel Wasser darüber gießen bis das Gemüse damit bedeckt ist ➟ Pfefferminze darüber

56

streuen und die Knoblauchzehen in eine Presse geben und über das Gemüse pressen. Man kann auch die Knoblauchzehen, mit etwas Salz in einen Mörser geben und zerdrücken.

57

58

☺ Topf zudecken und kurz zum Kochen bringen, dann bei schwacher Hitze köcheln lassen bis die Soße dicker wird und die Zucchini gar sind. Mit einer Gabel oder einem Metallstab prüfen ob das Gemüse gar ist.

☺ Gefüllte Zucchini mit Brot und Salat oder frischen Kräutern servieren.

<u>Vermerk:</u>
Falls man längliche, große Zucchini verwendet, sollten die einzelnen Zucchini in 2 bzw. 3 Teile geschnitten und gefüllt werden.

59

✳✳✳✳✳✳✳✳✳✳

Gefüllte Tomaten

Zutaten:

4 große oder 8 mittelgroße Tomaten mit festem Fruchtfleisch

Zutaten für die Füllung:

250 g Hackfleisch
1/2 Tasse Reis, waschen, ca. 30 Minuten in Wasser einweichen, in ein Sieb geben und abtropfen lassen
4 bis 5 Esslöffel kleine, halbierte Erbsen, gar kochen, in ein Sieb geben und abtropfen lassen
1 Bund Petersilie, Blätter waschen und hacken
2 Knoblauchzehen, schälen, mit etwas Salz in einen Mörser geben und zerdrücken
4 Schalotten, schälen und fein hacken
1 Teelöffel mildes Paprikapulver
1/2 Teelöffel Kurkumapulver
Ein Prise Chilipulver
Salz
Pfeffer
Öl oder Butter

So wird es gemacht:

☺ Tomaten zum Füllen vorbereiten:

① Rund um die Stielansätze Deckel schneiden und aufbewahren.

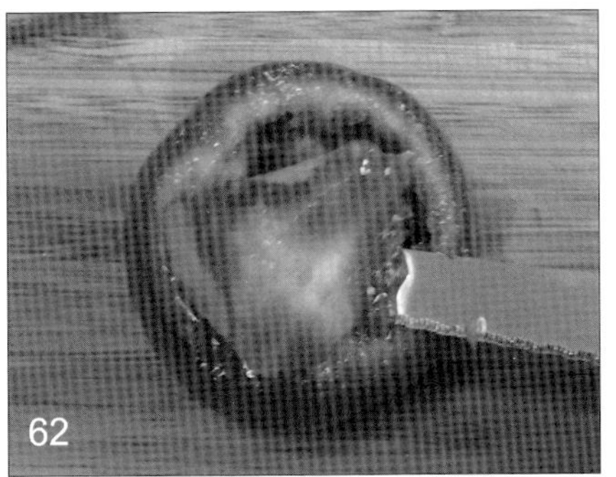
62

63

64

② Das Fruchtfleisch rundherum mit einem Messer von der innere Tomatenwand lösen und aus den Tomaten entfernen.

③ Das Innere der Tomaten mit einem Löffel aushöhlen. Das ausgehöhlte Fruchtfleisch aufbewahren.

☺ Füllung vorbereiten:
Etwas Öl oder Butter in eine Pfanne geben und erhitzen ➡ Schalotten in das heiße Öl geben und dünsten bis sie Farbe annehmen ➡ Knoblauchpaste untermengen und kurz dünsten ➡ Hackfleisch dazugeben und braten bis das Hack Farbe annimmt ➡ Kurkuma, Chilipulver, Paprikapulver, Pfeffer und Salz darüber geben, umrühren, die Pfanne vom Herd nehmen und abkühlen lassen ➡ Reis, Erbsen und Petersilie zum Hack geben und gut vermengen.

☺ Die ausgehöhlten Tomaten mit Salz bestreuen und mit Hackfleischmasse füllen (ca. 1/4 der Tomate frei lassen) ➡ die Tomaten mit der Öffnung nach oben in einen Topf stellen, die aufbewahrten Tomatendeckel auf die Tomaten legen, 3/4 Tasse kochendes Wasser darüber gießen, das ausgehöhlte Fruchtfleisch in den Topf geben, Topf zudecken und kurz zum Kochen bringen, dann bei schwacher Hitze 20 bis 25 Minuten köcheln lassen bis der Reis und die Tomaten gar sind ➡ heiß mit Brot servieren. Man kann auch Salzkartoffeln und Salat oder frische Kräuter dazu servieren.

✻✻✻✻✻✻✻✻✻✻

Gefüllte Auberginen

Zutaten:

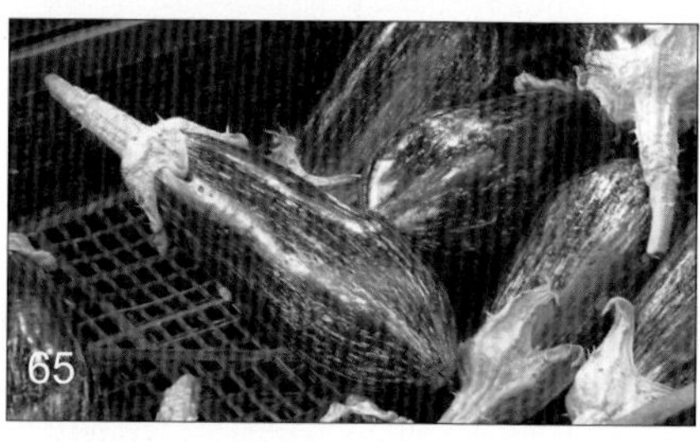

4 mittelgroße oder 8 kleine, längliche Auberginen, Stiele und die harten Blätter abschneiden, waschen und abtrocknen.

Rund um die Stielansätze Deckel schneiden und aufbewahren. Dann die Auberginen aushöhlen (siehe Seite 7) und das ausgehöhlte Fruchtfleisch zerkleinern und aufbewahren

Die Auberginen können mit verschiedenen Zutaten gefüllt werden. In Variante 1 und 3 werden die Auberginen nicht geschält, nur in Variante 2 schält man die Auberginen:

Variante 1

Zutaten für die Füllung:

250 Hackfleisch
2 Zwiebeln, schälen und fein hacken
3 mittelgroße Tomaten, hacken
1 Esslöffel Tomatenmark, in ca. 1 Tasse heißem Wasser auflösen
3 Knoblauchzehen, schälen, mit etwas Salz in einen Mörser geben und zerdrücken
1/2 Bund Petersilie, Blätter waschen und hacken
Chilipulver, Menge nach Geschmack
1 Teelöffel mildes Paprikapulver
Salz

Pfeffer
Öl oder Butter

Füllung vorbereiten:

☺ Etwas Öl oder Butter in einer tiefen Pfanne erhitzen ➡ Zwiebeln im heißen Öl dünsten, bis sie Farbe annehmen ➡ Knoblauchpaste und Tomaten untermengen und dünsten bis die Flüssigkeit verdampft ist ➡ Hackfleisch dazugeben und braten, bis das Hack Farbe angenommen hat ➡ aufgelöstes Tomatenmark und Gewürze dazugeben, gut vermengen, mit Salz und Pfeffer abschmecken und köcheln lassen bis die Flüssigkeit verdampft ist ➡ Petersilie untermengen und Pfanne vom Herd nehmen.

Variante 2

Zutaten für die Füllung:

150 g Hackfleisch
5 bis 6 Esslöffel Reis, waschen und ca. 30 Minuten in Wasser einweichen
25 g kleine, gelbe, halbierte Erbsen, waschen und ca. 30 Minuten in Wasser einweichen
1 Zwiebel, schälen und fein hacken
1 Esslöffel gehackter, frischer Koriander
2 Esslöffel gehackte Petersilie
2 bis 3 Stangen Lauchzwiebeln, hacken
1/2 Teelöffel Kurkumapulver
1/2 Teelöffel Nelkenpulver
Zitronensaft
Brauner Zucker, zum Abschmecken
Salz
Pfeffer
Öl

Füllung vorbereiten:

☺ Reis in reichlich Salzwasser brodeln lassen bis die Reiskörner weich sind, durch ein Sieb geben (Kochwasser in einer Schale auffangen) und abtropfen lassen.
☺ Das Reiskochwasser wieder in den Topf geben und zum Kochen bringen, die kleinen, gelben Erbsen dazugeben und gar kochen, durch ein Sieb geben und abtropfen lassen, Kochwasser in einer Schale auffangen).

☺ Das Hackfleisch in sehr wenig Öl braten, bis die Flüssigkeit verdampft ist und abkühlen lassen.
☺ Alle Zutaten für die Füllung in eine Schale geben und gut vermengen.

Variante 3

Zutaten für die Füllung:

4 bis 5 Esslöffel Reis, waschen
150 g Hackfleisch
4 bis 5 Esslöffel Rosinen ohne Kerne, kurz in Wasser einweichen, durch ein Sieb geben und abtropfen lassen
2 Esslöffel gehackter Dill
1 Schalotte, schälen und fein hacken
1/2 Teelöffel Kardamompulver
1/2 Teelöffel Zimtpulver
Salz
Pfeffer
Öl

Füllung vorbereiten:

☺ Reis in reichlich Salzwasser brodeln lassen bis die Reiskörner weich sind, durch ein Sieb geben und abtropfen lassen.
☺ Etwas Öl in einer tiefen Pfanne erhitzen ➡ Hackfleisch in das heiße Öl geben und braten bis es Farbe annimmt ➡ die restlichen Zutaten untermengen, mit Wasser fast bedecken und köcheln lassen bis die Flüssigkeit verdampft ist ➡ abschmecken, Pfanne vom Herd nehmen und abkühlen lassen.

So wird es gemacht:

☺ Variante 1 und 3:
Die ausgehöhlten Auberginen mit der Hackfleischmasse füllen, mit dem Finger die Füllung reinpressen und mit dem Deckel verschließen.
☺ Variante 2:
Die geschälten Auberginen in etwas Öl braten, bis sie Farbe annehme, abkühlen lassen, mit der Hackfleischmasse füllen und mit dem Deckel verschließen.

☺ Die gefüllten Auberginen in einen Topf geben ➠ bei Variante 1 ca. 1/2 Tasse Wasser darüber geben und bei den anderen Varianten ca. 1 Tasse ➠ das beiseite gestellte Reiswasser darüber geben ➠ Topf zudecken und kurz zum Kochen bringen, dann bei schwacher Hitze köcheln lassen bis das Gemüse gar ist und die Soße dicker wird ➠ heiß mit Salat oder frischen Kräutern und Brot servieren.

✵✵✵✵✵✵✵✵✵✵

Gefüllte Weißkohlblätter

66

Zutaten:

1 kleiner Weißkohlkopf
1 Markknochen, waschen

Zutaten für die Füllung:

250 g Hackfleisch
50 g Reis, waschen, ca. 1 Stunde in Wasser einweichen, durch ein Sieb geben und abtropfen lassen
1 große Zwiebel, schälen und fein hacken
1 Bund Petersilie, Blätter waschen und hacken
2 bis 3 Stangen Lauchzwiebeln, gewelkte Blätter entfernen, Stielansätze abschneiden und hacken
1 Esslöffel gehackter Dill. Ersatzweise 1 Teelöffel getrockneter Dill
1 bis 2 Knoblauchzehen, schälen, mit etwas Salz in einen Mörser geben und zerdrücken
1/2 Teelöffel Kurkuma
1/2 Teelöffel Zimt
1 Prise Ingwerpulver
1 Prise Kardamompulver
2 Esslöffel Tomatenmark, in ca. 1 Tasse heißem Wasser auflösen
Salz
Pfeffer
Öl

So wird es gemacht:

☺ Füllung vorbereiten:

Etwas Öl in einer Pfanne erhitzen ➟ Zwiebeln in das heiße Öl geben und braten bis sie Farbe annehmen ➟ Knoblauchpaste untermengen und kurz dünsten ➟ Hackfleisch dazugeben und braten bis das Hack Farbe angenommen hat ➟ Gewürze darüber geben und gut vermengen ➟ mit Salz und Pfeffer abschmecken ➟ ca. 1/2 Tasse Wasser darüber gießen, umrühren und köcheln lassen bis die Flüssigkeit verdampft ist ➟ Petersilie, Lauchzwiebeln, Dill und Reis dazugeben, gut vermengen, Pfanne vom Herd nehmen und abkühlen lassen.

☺ Kohlkopf vorbereiten:

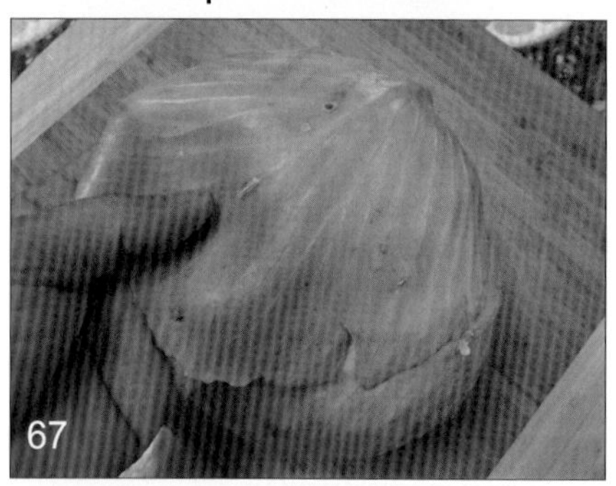
67

68

① Gewelkte Blätter entfernen ➟ Kohlkopf in einen Topf geben, mit Wasser bedecken und kochen lassen bis die Blätter weich sind.

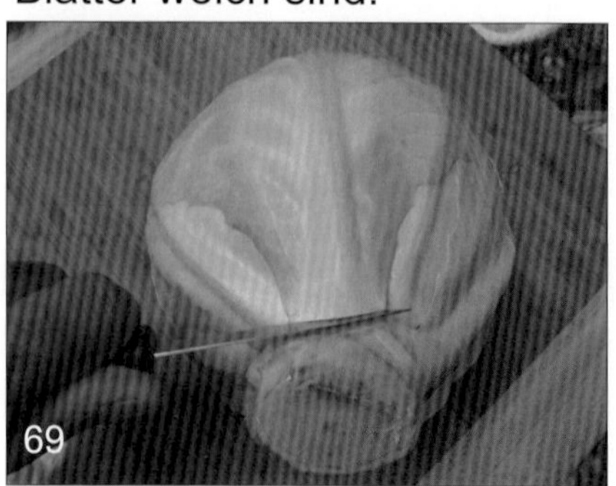
69

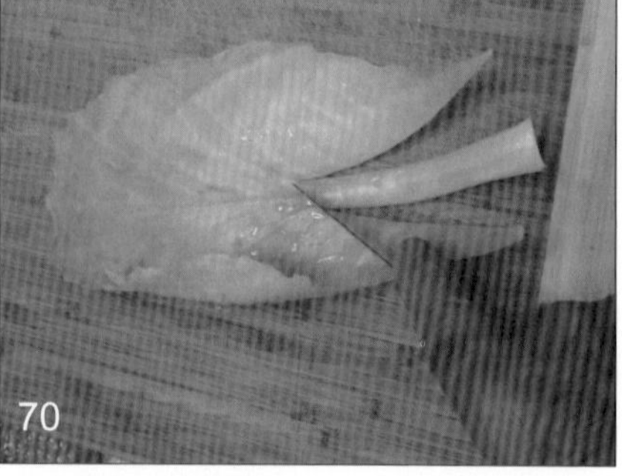
70

② Die ersten 15 bis 20 weich gekochten Blätter vom Kohlkopf

lösen und mit einem Messer die mittleren Rippen abschneiden und beiseite stellen. Falls das Blatt sehr groß ist, der Länge nach halbieren.

☺ Blätter füllen und kochen:

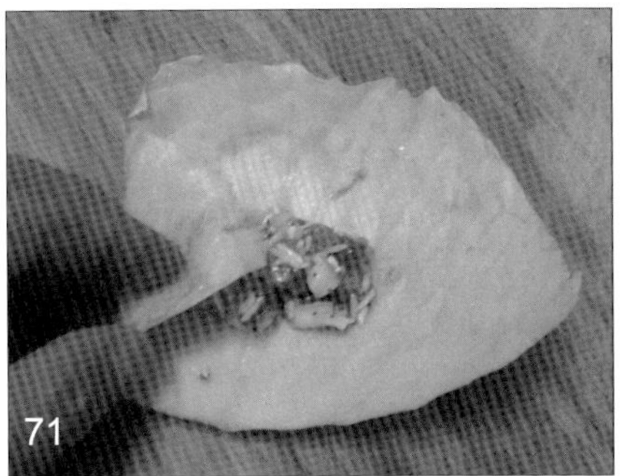
71

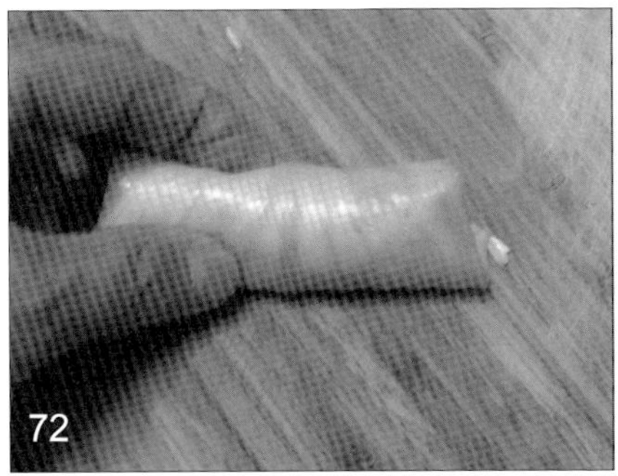
72

① Knochen in einen großen Topf geben.

② 1 bis 2 Esslöffel Füllung auf ein Kohlblatt geben, dann die Seiten auf die Füllung legen und zu einer Rolle drehen.

73

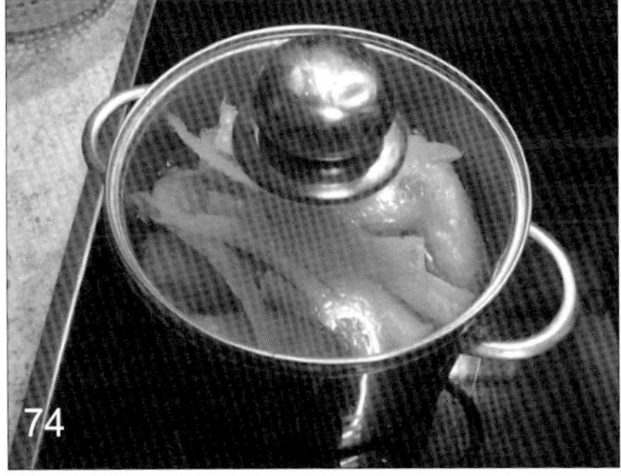
74

③ Die gefüllten Kohlrollen im Topf (auf dem Knochen) schichten, aufgelöstes Tomatenmark und ca. 1/2 Tasse heißes Wasser darüber gießen ➡ die Kohlrippen darauf geben, Topf zudecken und köcheln lassen bis der Reis gar ist ➡ heiß mit Brot, Salat und frischen Kräutern servieren.

75

Hackfleisch mit Granatapfel und Walnüssen

Zutaten:

250 g Hackfleisch
1 Tasse Granatapfelsaft
1 kleine Zwiebel, schälen und fein hacken
75 g Walnüsse, hacken
2 bis 3 Esslöffel gehackter Koriander
1 Esslöffel gehackte Pfefferminzblätter
1/2 Teelöffel Kurkumapulver
Salz
Pfeffer
Öl

So wird es gemacht:

☺ Hackfleisch, Zwiebeln, Kurkuma, Salz und Pfeffer in eine Schale geben und mit der Hand gut verkneten, dann zu kleinen Bällchen formen.

☺ 1 Esslöffel Öl in einer tiefen Pfanne erhitzen ➟ Koriander und Pfefferminzblätter in das heiße Öl geben und kurz dünsten ➟ Pfanne vom Herd nehmen.

☺ Hackfleischbällchen in Öl knusprig braten, zu den gebratenen Kräutern geben und gut vermengen ➟ Granatapfelsaft und Walnüsse darüber geben und kurz zum Kochen bringen, dann bei schwacher Hitze und offener Pfanne köcheln lassen bis die Soße dicker wird ➟ heiß mit Reis servieren.

✵✵✵✵✵✵✵✵✵✵

Gemüse mit Quark Burani (Borani)

Kürbis mit Quarksoße

Zutaten:

1 kleiner Kürbis. Für das Rezept braucht man 500 bis 600 g Fruchtfleisch
1 große Zwiebel, schälen und hacken
2 bis 3 Tomaten, halbieren, Samen entfernen und hacken
2 bis 3 Knoblauchzehen, schälen, mit etwas Salz in einen Mörser geben und zerdrücken
2 bis 3 Stangen Lauchzwiebeln, Stielansätze und gewelkte Blätter entfernen und hacken (auch die grünen Teile)
Eventuell kleine Chilischote, Stielansatz abschneiden, der Länge nach halbieren, Samen entfernen und hacken. Ersatzweise Chilipulver, Menge nach Geschmack
Zitronensaft
250 g Quark
Etwas Milch
Salz und Pfeffer
Öl

So wird es gemacht:

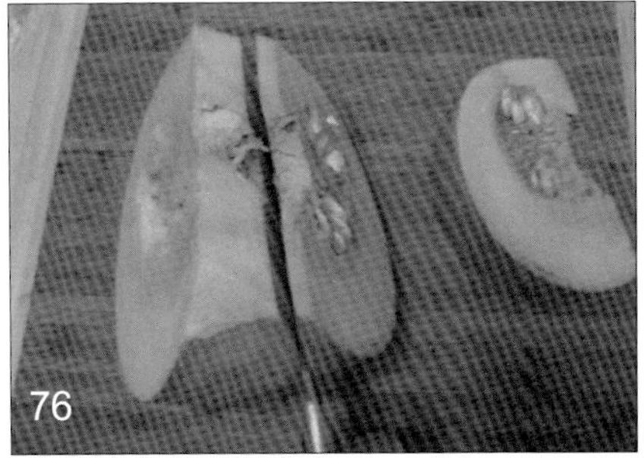

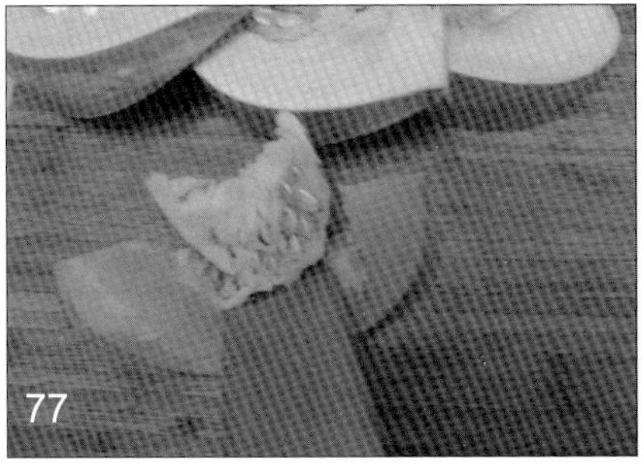

☺ Kürbis halbieren, dann in Streifen schneiden und die Kerngehäuse entfernen.

☺ Die Kürbisstreifen schälen. Falls die Schale sehr hart ist, die Streifen auf den Arbeitstisch legen, dann seitlich mit dem Messer die Schale abschneiden.

☺ Das Kürbisfruchtfleisch in Würfel schneiden ➟ etwas Öl in einer tiefen Pfanne erhitzen ➟ die Kürbiswürfel im heißen Öl braten bis sich ihre Farbe ändert, salzen, pfeffern, mit einem Schaumlöffel aus der Pfanne nehmen und beiseite stellen.

☺ Etwas Öl In die gleiche Pfanne nachgeben und erhitzen, Zwiebeln dazugeben und glasig dünsten ➟ Tomaten, die Hälfte der Knoblauchpaste, Chili, Lauchzwiebeln, Salz und Pfeffer untermengen und dünsten bis viel Flüssigkeit verdampf ist ➟ mit Salz, Pfeffer und Zitronensaft abschmecken ➟ Kürbiswürfel untermengen ➟ Pfanne zudecken und bei schwacher Hitze köcheln lassen bis die Kürbiswürfel gar sind. Zwischendurch umrühren.

☺ Quark und etwas Milch in eine Schale geben und gut verrühren ➟ mit Salz, Pfeffer, Knoblauchpaste und Zitronensaft abschmecken ➟ die Hälfte der Quarkmischung in eine tiefe Schüssel geben ➟ gekochten Kürbis über die Soße geben, dann die restliche Quarksoße darüber geben und heiß mit Reis, Brot oder Nudeln servieren.

<u>Vermerk:</u>

Auf die gleiche Art kann man Auberginen oder Zucchini kochen

★★★★★★★★★★

Quark mit Kartoffeln

Zutaten:

500 g kleine Kartoffeln, schälen und halbieren
1 Becher Quark
Etwas Milch
1 rote Zwiebel, schälen und fein hacken
1 große Knoblauchzehe, schälen, mit etwas Salz in einen Mörser geben und zerdrücken
2 Tomaten, halbieren, Samen entfernen und hacken
1 Esslöffel gehackte Petersilie
1 Esslöffel gehackter Dill
1 milde Peperoni, Stielansatz abschneiden, der Länge nach halbieren, Samen entfernen und hacken
1/2 Teelöffel Kurkumapulver
Salz
Pfeffer
Öl

So wird es gemacht:

☺ Kartoffeln in Salzwasser fast gar kochen, dann durch ein Sieb geben und abtropfen lassen.

☺ Etwas Öl in einer tiefen Pfanne erhitzen ➟ gekochte Kartoffeln in das heiße Öl geben und goldbraun braten, dann mit einem Schaumlöffel aus dem Öl nehmen und beiseite stellen.

80

☺ Die Zwiebeln In der gleichen Pfanne weich dünsten ➟ die Hälfte der Knoblauchpaste und die Tomaten untermengen und dünsten bis viel Flüssigkeit verdampft ist und die Tomaten weich sind ➟ Gewürze dazugeben und gut vermengen

81

➟ gebratene Kartoffeln, Dill und Petersilie dazugeben, umrühren und bei schwacher Hitze ca. 10 Minuten köcheln lassen. Zwischendurch umrühren ➟ mit Salz und Pfeffer abschmecken.

☺ Quark, etwas Milch und Knoblauchpaste in eine Schale geben und gut verrühren ➟ mit Salz und Pfeffer abschmecken.

☺ Die Hälfte der Quarkmasse auf einen Teller geben und glatt streichen ➟ Pfanneninhalt auf die Quarkmasse geben, dann den restlichen Quark darüber verteilen und heiß servieren.

★★★★★★★★★★

Eier- und Geflügelgerichte

Auberginen Omelette

Zutaten:

1 kleine Aubergine
4 Eier, aufschlagen, in eine Schale geben und rühren
1 Knoblauchzehe, schälen, mit etwas Salz in einen Mörser geben und zerdrücken
2 Tomaten, halbieren, Samen entfernen und hacken
1 bis 2 Stangen Lauchzwiebeln, Stielansätze und gewelkte Blätter entfernen und die Lauchzwiebeln hacken
1/2 Teelöffel Kurkumapulver
1 Prise Chilipulver
Salz
Pfeffer
Öl

So wird es gemacht:

☺ Backofen auf 200°C vorheizen.

☺ Aubergine in Alufolie wickeln und im Backofen für ca. 25 Minuten backen (oder über offenem Feuer grillen) ➟ Aubergine aus dem Ofen nehmen, Stielansatz und Schale abziehen, Fruchtfleisch in eine Schale geben und mit einer Gabel pürieren.

☺ Etwas Öl in einer Pfanne erhitzen ➟ Lauchzwiebeln, Tomaten und Knoblauch in das heiße Öl geben und dünsten, bis die Flüssigkeit verdampft ist ➟ Kurkuma, Prise Chili, Salz und Pfeffer dazugeben und gut vermengen ➟ Auberginenpüree untermengen, mit Salz und Pfeffer abschmecken, Pfanne vom Herd nehmen und abkühlen lassen.

Eier über die Auberginenmasse geben, gut vermengen und abschmecken.

Etwas Öl oder Butter in einer Pfanne erhitzen ➟ eine volle Kelle Auberginenmasse in die Pfanne geben, flachstreichen und von beiden Seiten braten bis das Ei gestockt ist. Auf die gleiche Art die restliche Auberginenmasse braten ➟ heiß mit Brot und Salat servieren.

☆☆☆☆☆☆☆☆☆☆☆

Kartoffeln mit Ei

Zutaten:

500 g Kartoffeln
4 bis 5 Eier, aufschlagen, in eine Schale geben und gut verrühren
1 Bund Petersilie, Blätter waschen und hacken
1 große Zwiebel, schälen und fein hacken
1/2 Teelöffel mildes Paprikapulver
1 Teelöffel Kurkumapulver
2 Esslöffel Mehl
Ca. 1 Teelöffel Backpulver
Salz
Pfeffer
Öl

So wird es gemacht:

☺ Kartoffeln in Salzwasser gar kochen, durch ein Sieb geben und kurz abkühlen lassen, dann die Schalen abziehen ➟ die Kartoffeln in eine Schale geben, mit einer Gabel pürieren und abkühlen lassen.

☺ Die Zwiebeln in etwas Öl goldbraun dünsten, Salz, Pfeffer, Paprikapulver und Kurkuma untermengen ➟ Pfanne vom Herd nehmen und abkühlen lassen.

☺ Zwiebeln, Petersilie, Mehl, Backpulver und Eier zum Kartoffelpüree geben, gut vermengen und mit Salz und Pfeffer abschmecken.
☺ Backofen auf 180°C vorheizen.
☺ Etwas Öl in eine Auflaufform geben ➟ Kartoffelmasse in die Form geben, die Oberfläche mit einem Löffel glätten und in den Backofen schieben und backen bis die Oberfläche eine goldbraune Farbe hat und die Eier gestockt sind ➟ heiß mit Salat und Brot servieren.

☆☆☆☆☆☆☆☆☆☆☆

Kräuter Omelette

Zutaten:

6 bis 7 Eier
1/2 Teelöffel Berberitzen, in Wasser einweichen, durch ein Sieb geben und abtropfen lassen
1½ Esslöffel Mehl
1 Teelöffel Backpulver
Ein paar Safranfäden, in 1 Teelöffel heißem Wasser auflösen. Ersatzweise 1/4 Teelöffel Kurkumapulver
1 Bund Lauchzwiebeln, Stielansätze und gewelkte Blätter entfernen und die Lauchzwiebeln fein hacken
1 Bund Petersilie, Blätter waschen und hacken
1 Esslöffel gehackter Koriander
1 Teelöffel Bockshornkleesamen, zerdrücken
Salz
Pfeffer
Öl

Man kann auch Dill oder andere Gewürzkräuter verwenden.

So wird es gemacht:

☺ Alle Zutaten (außer Öl, Eier und Safran oder Kurkuma) in eine Schale geben und gut vermengen.
☺ Eier aufschlagen, in eine Schale geben, Safran oder Kurkuma dazugeben, gut verrühren, zur Gewürzmischung geben, gut verrühren und abschmecken.

☺ Etwas Öl in einer Pfanne erhitzen ➟ Eimasse löffelweise (mit einem großen Löffel) in das heiße Öl geben, die Oberfläche glätten und von beiden Seiten knusprig braten ➟ heiß oder kalt mit Brot und Salat servieren.

☆☆☆☆☆☆☆☆☆☆☆

Grüne Bohnen Omelette

Zutaten:

250 g grüne Bohnen, Spitzen abschneiden, in kleine Stücke schneiden, waschen und abtropfen lassen
5 Eier, aufschlagen, in eine Schale geben und verrühren
2 Teelöffel Mehl
1/2 Teelöffel Backpulver
1 Zwiebel, schälen und fein hacken
Salz
Pfeffer
Eventuell 1 Prise Chilipulver
Öl

So wird es gemacht:

☺ Bohnen in Salzwasser fast gar kochen, durch ein Sieb geben und abtropfen lassen.

☺ Etwas Öl in einer Pfanne erhitzen, Bohnen dazugeben und dünsten bis sie Farbe annehme, aus der Pfanne nehmen und in eine Schale geben ➟ in der gleichen Pfanne die Zwiebeln dünsten bis sie Farbe annehmen, salzen und pfeffern, zu den Bohnen geben, gut vermengen, abschmecken und abkühlen lassen ➟ Eier dazugeben und gut vermengen.

☺ Etwas Öl in einer Pfanne erhitzen und die Bohnenmasse löffelweise (mit einem großen Löffel) in das heiße Öl geben, die Oberfläche glätten und von beiden Seiten braten bis die Eier gestockt sind ➟ heiß mit Salat servieren.

☆☆☆☆☆☆☆☆☆☆☆

Hähnchen mit Gewürzpaste

Zutaten:

1 Hähnchen, in Teile zerlegen, waschen und abtropfen lassen
2 Bund verschiede Gewürzkräuter (Petersilie, Koriander, Dill, Pfefferminze…), Blätter waschen und hacken
2 bis 3 Stangen Lauchzwiebeln, Stielansätze und gewelkte Blätter entfernen und fein hacken
Saft einer Orange
1 Knoblauchzehe, schälen und vierteln
1/2 Teelöffel Kurkumapulver
3 Esslöffel Reismehl, in etwas kaltem Wasser auflösen
Salz
Pfeffer
Öl

So wird es gemacht:

☺ Hähnchenteile in einen Topf geben, mit Wasser fast bedecken, Salz darüber streuen und kurz zum Kochen bringen ➠ Topf zudecken und köcheln lassen.
☺ Knoblauch, Koriander, Pfefferminze, etwas Salz und Pfeffer in eine Küchenmaschine geben und zu einer Gewürzpaste verarbeiten, etwas Wasser dazugeben, gut verrühren und abschmecken.
☺ Etwas Öl in eine Pfanne oder einen kleinen Topf geben und erhitzen, Lauchzwiebeln dazugeben und weich dünsten, Gewürzpaste dazugeben, gut vermengen und kurz erhitzen, dann zum Hähnchen geben ➠ das aufgelöste Reismehl und Kurkuma dazugeben, umrühren und köcheln lassen bis das Fleisch fast gar ist ➠ ca. 1/2 Tasse Orangensaft untermengen, mit Salz und Pfeffer abschmecken und köcheln lassen bis die Hähnchenteile gar sind ➠ heiß mit Reis und Salat oder Kräutern servieren.

☆☆☆☆☆☆☆☆☆☆☆

Gefülltes Hähnchen mit getrockneten Früchten

Zutaten:

1 Hähnchen, waschen und abtropfen lassen
Saft einer Zitrone
Ein Paar Safranfäden, in etwas warmem Wasser auflösen
50 bis 75 g ungesalzene Butter
Salz
Pfeffer
Je 2 bis 3 Esslöffel Getrocknete Früchte:
- Aprikosen, zerkleinern
- Berberitzen
- Sauerkirschen
- Birnen, zerkleinern
- Oder andere getrocknete Früchte

2 Zwiebeln, schälen und hacken
1 Esslöffel grob gehackte Walnüsse
1/4 Tasse Tomatensaft. Oder 2 Esslöffel Tomatenmark
Öl

So wird es gemacht:

☺ Etwas Öl in einer Pfanne erhitzen ➟ Zwiebeln im heißen Öl braten bis sie Farbe annehmen ➟ Walnüsse untermengen und kurz braten ➟ getrocknete Früchte untermengen, dann Tomatensaft und Salz dazugeben, gut vermengen und ein paar Minuten köcheln lassen ➟ Pfanne vom Herd nehmen und abkühlen lassen.

☺ Backofen auf 180°C vorheizen.

☺ Hähnchen von innen salzen und pfeffern, dann mit Zwiebelmasse füllen, in eine Auflaufform geben, mit Salz bestreuen, Auflaufform zudecken und ca. eine 3/4 Stunde backen.

☺ Ungesalzene Butter zerlassen, Safranwasser und Zitronensaft dazugeben und gut verrühren ➟ Auflaufform aus dem Backofen ziehen, Deckel entfernen, Buttermischung darauf gießen und die Auflaufform ohne Deckel zurück in den Backofen schieben und weiter backen, bis das Hähnchen gar und knusprig ist.

☆☆☆☆☆

Verschiedene Füllungen für Geflügel

Variante 1, mit Koriander und Walnüssen

Zutaten:

100 g Walnüsse, grob hacken
1 Bund Koriander, Blätter waschen und hacken
1 Schalotte, schälen und hacken
1 Teelöffel Zimtpulver
2 bis 3 Esslöffel Granatapfelsirup
Salz
Pfeffer
Öl

So wird es gemacht:

☺ Öl in einer Pfanne erhitzen, Zwiebeln dazugeben und goldbraun dünsten ➡ Walnüsse untermengen und kurz dünsten ➡ Granatapfelsirup dazugeben und gut vermengen ➡ Zimt, Salz, Pfeffer und etwas Zucker dazugeben und gut vermengen ➡ abschmecken ➡ Koriander untermengen und Pfanne vom Herd nehmen und abkühlen lassen, dann wie auf Seite 98 weiter verfahren.

☆☆☆☆☆

Variante 2, mit Reis

Zutaten:

50 g Reis, waschen, abtropfen lassen, dann in reichlich Wasser mit etwas Salz fast gar kochen, durch ein Sieb geben und abtropfen lassen
50 bis 75 g Walnüsse, grob hacken
1 Esslöffel Pistazien, grob hacken
1 Zwiebel oder Schalotte, schälen und hacken
1 Esslöffel Granatapfelsirup
1 Esslöffel Zucker

So wird es gemacht:

☺ Zwiebeln in etwas Öl dünsten bis sie Farbe annehmen ➡ Nüsse dazugeben, gut vermengen und kurz dünsten ➡ Granatapfelsirup und Zucker dazugeben und gut vermengen ➡ Pfanneninhalt zum Reis geben, gut vermengen und abkühlen lassen, dann wie auf Seite 98 beschrieben weiter verfahren.

☆☆☆☆☆

Variante 3, mit Hackfleisch und getrockneten Früchten

Zutaten:

75 Hackfleisch
50 g Reis, waschen und ca. 30 Minuten in Wasser einweichen, kurz in kochendem Wasser brodeln lassen, durch ein Sieb geben und abtropfen lassen
50 bis 60 g getrocknete Aprikosen, vierteln
1 bis 2 Esslöffel grob gehackte Walnüsse
1 Esslöffel Berberitzen
2 Esslöffel Rosinen ohne Kerne
1 Zwiebel, schälen und hacken
1 Teelöffel Kurkumapulver
1/2 Teelöffel Zimtpulver
Salz

Pfeffer
Öl oder Butter

So wird es gemacht:

☺ Etwas Öl in einer tiefen Pfanne erhitzen, Zwiebeln dazugeben und dünsten bis sie Farbe annehmen ➡ Salz, Pfeffer, Kurkuma und Zimt dazugeben und gut verrühren ➡ Hackfleisch untermengen und braten bis das Hack Farbe angenommen hat ➡ etwas heißes Wasser darüber gießen, umrühren und köcheln lassen bis die Flüssigkeit verdampft ist ➡ Pfanne vom Herd nehmen und abkühlen lassen, dann Reis dazugeben und gut vermengen.

☺ Etwas Butter in einer Pfanne zerlassen ➡ Berberitzen, Rosinen und Aprikosen in die Pfanne geben und ein paar Minuten braten bis sie Farbe annehmen ➡ aus der Pfanne nehmen und zur Hackmasse geben ➡ die Walnüsse ein paar Minuten in der gleichen Pfanne braten, zur Hackmasse geben, gut vermengen und wie auf Seite 98 beschrieben weiter verfahren.

☆☆☆☆☆☆☆☆☆☆☆☆☆☆

Geflügelfrikadellen

Zutaten:

250 g Hähnchen– oder Truthahnfleisch (ohne Knochen und Haut), zerkleinern
1 Schalotte, schälen und zerkleinern
1 Knoblauchzehe, schälen und zerkleinern
2 Esslöffel Koriander– oder Petersilienblätter
1 Ei, aufschlagen, in eine Schale geben und verrühren
1 Esslöffel frischen Bockshornklee, ersatzweise 1 Teelöffel getrockneten Bockshornklee
1/2 Teelöffel Kurkuma
Salz
Pfeffer
Öl

So wird es gemacht:

☺ Fleisch, Zwiebeln, Knoblauch und Gewürze in eine Schale geben und gut vermengen, dann durch einen Fleischwolf drehen ➟ Ei dazugeben und gut verkneten, dann aus der Masse kleine, runde Bällchen formen.

☺ Öl in einer Pfanne erhitzen ➟ Fleischbällchen im heißen Öl goldbraun braten, aus der Pfanne nehmen und auf Küchenpapier legen, damit das überschüssige Öl entfernt wird ➟ heiß mit Brot oder Reis und Salat servieren.

☆☆☆☆☆☆☆☆☆☆

Gebratene Hähnchenbrust

Zutaten:

2 Hühnerbrüste, ohne Haut, in Streifen schneiden, salzen und pfeffern
1/4 Teelöffel Kurkumapulver
Salz
Pfeffer
Etwas Mehl
Öl

So wird es gemacht:

☺ 2 bis 3 Esslöffel Mehl, Kurkuma, etwas Salz und Pfeffer in eine Schale geben und gut vermengen, dann auf einen Teller geben.

☺ Öl in einer Pfanne erhitzen ➟ Hähnchenstücke in Mehl wälzen und rundherum bei schwacher Hitze goldbraun braten ➟ heiß mit Reis servieren.

☆☆☆☆☆☆☆☆☆☆

Teigspeisen

Teigtaschen

Zutaten für den Teig:

Variante 1

250 g Mehl, sieben
1/8 Tasse Olivenöl
Salz

Variante 2

250 g Mehl, sieben
1 Esslöffel Butter oder Öl
1 Ei, aufschlagen, in eine Schale geben und verrühren
Salz

So wird es gemacht:

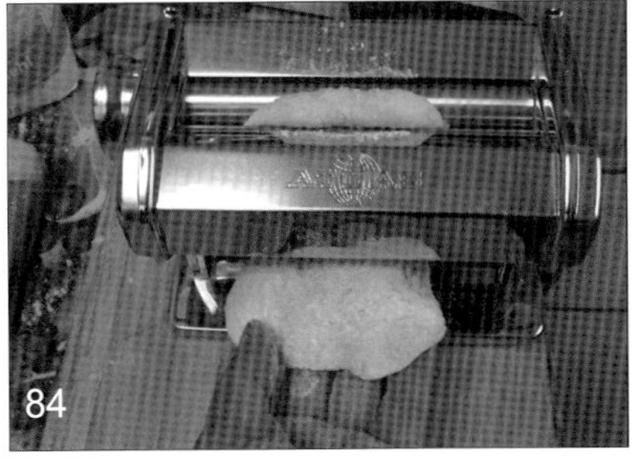
84

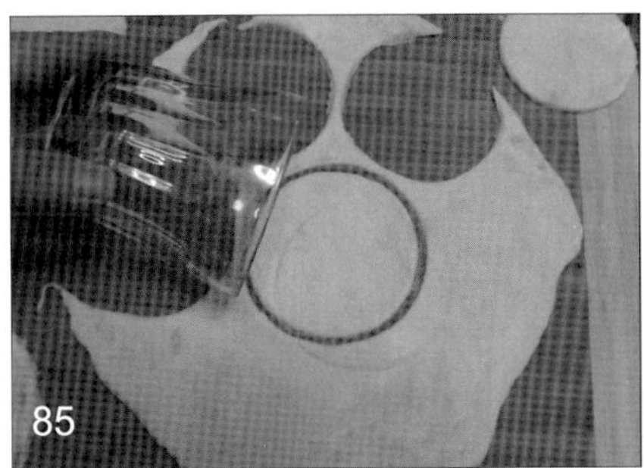
85

☺ Die Zutaten in eine Schale geben und zu einem Teig verkneten ➟ Teig zudecken und ca. 30 Minuten ruhen lassen.
☺ Den Teig zu einem großen Fladen ausrollen ➟ mit einer Tasse oder einem Glas (offene Seite) runde Teigkreise von ca. 8 bis 9 cm ausstechen.

☞ Man kann den Teig auch in Stücke teilen und mit einer Nudelmaschine pressen.

86

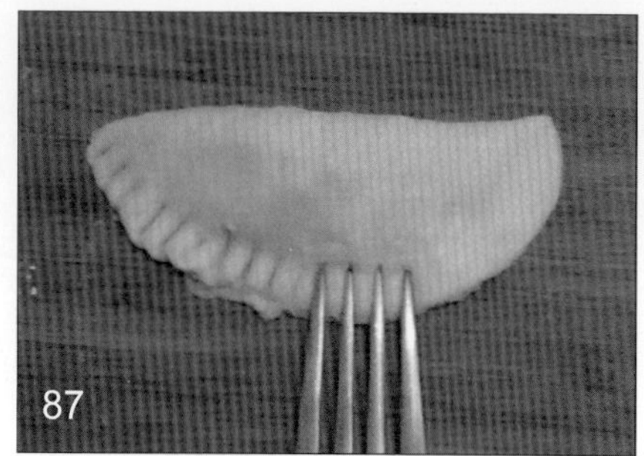
87

☺ 1 Esslöffel Füllung (Füllungen auf den folgenden Seiten) auf den Teigkreis geben, dann zu einem Halbmond formen und die beiden Hälften mit einer Gabel zusammenpressen, damit beim Braten, die gefüllten Taschen nicht aufgehen.
☺ Reichlich Öl in einer Pfanne erhitzen und die gefüllten Teigtaschen goldbraun braten, aus der Pfanne nehmen, auf Küchenpapier legen, damit das überschüssige Öl entfernt wird und heiß mit Jogurt (siehe Seite 14/15) servieren.

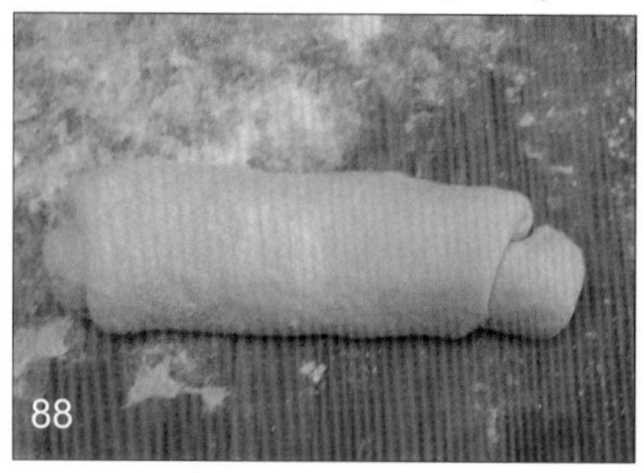
88

88

Vermerk.
Man kann die Teigtaschen auch in runden oder viereckigen Formen herstellen.

Füllung mit Kartoffeln

Zutaten für die Füllung:

250 g Kartoffeln, schälen, in Salzwasser gar kochen, durch ein Sieb geben, abtropfen und abkühlen lassen, dann in sehr kleine Würfel schneiden
2 bis 3 Esslöffel gekochte, rote Bohnen, mit einer Gabel grob pürieren
1 Lauchstange, Stielabsatz und grüne Teile abschneiden und den weißen Lauch fein hacken
1 Schalotte, schälen und hacken
1 kleine Knoblauchzehe, schälen, mit etwas Salz in einen Mörser geben und zerdrücken
1 kleine Tomate, enthäuten, halbieren, Samen entfernen und fein hacken (siehe Seite 8)
1 Esslöffel gehackte Petersilie
1/2 Teelöffel Kurkumapulver
1/2 Teelöffel mildes Paprikapulver
1 Esslöffel Sojasoße
Salz
Pfeffer
Öl oder Butter

So wird es gemacht:

☺ Etwas Öl oder Butter in einer Pfanne erhitzen, Schalotten dazugeben und dünsten, bis sie Farbe annehmen ➡ Knoblauchpaste und Tomaten untermengen und dünste bis die Flüssigkeit fast verdampft ist ➡ Lauch, Sojasoße, Kurkuma, Paprikapulver, etwas Salz und Pfeffer untermengen und dünsten bis der Lauch weich und gar ist ➡ zerkleinerte Kartoffeln und Bohnen untermengen, abschmecken, Pfanne vom Herd nehmen, Petersilie untermengen und abkühlen lassen, dann wie auf Seite 104 weiter verfahren.

Füllung mit Lauch

Zutaten für die Füllung:

3 bis 4 Stangen Porree, Stielansätze und die grünen Teile abschneiden, dann die Stangen der Länge nach halbieren und in dünne Scheiben schneiden, waschen und abtropfen lassen

90

1 Esslöffel Sojasoße
2 Esslöffel gehackte Petersilie
Eventuell gehackten Chili, Menge nach Geschmack
Salz und Pfeffer
Öl oder Butter

So wird es gemacht:

☺ Etwas Öl in einer tiefen Pfanne erhitzen, Lauch dazugeben und kurz dünsten, Sojasoße, eventuell Chili, Salz und Pfeffer untermengen, dünsten bis der Lauch gar ist, dann die Petersilie untermengen ➟ Pfanne vom Herd nehmen, abkühlen lassen und wie auf Seite 104 beschrieben weiter verfahren.

91

Füllung mit Hackfleisch

Zutaten für die Füllung:

250 g Hackfleisch oder Fleischstück, in feine Würfel schneiden
1 lange, milde Peperoni, Stielansatz abschneiden, der Länge nach halbieren, Samen entfernen und hacken
1 Knoblauchzehe, schälen, mit etwas Salz in einen Mörser geben und zerdrücken
2 bis 3 Stangen Lauchzwiebeln, Stielansätze und gewelkte Blätter entfernen und die Lauchzwiebeln hacken
1 Esslöffel gehackte Petersilie
1 Esslöffel Sojasoße
Salz
Pfeffer
Öl oder Butter

So wird es gemacht:

☺ Hackfleisch oder Fleischwürfel in Öl oder Butter braten bis sie Farbe annehmen, aus der Pfanne nehmen und beiseite stellen ➟ die restlichen Zutaten in die gleiche Pfanne geben und weich dünsten, dann gebratenes Hackfleisch und Petersilie untermengen, abschmecken, Pfanne vom Herd nehmen und abkühlen lassen, dann wie auf Seite 104 beschrieben weiter verfahren.

Fischgerichte

Gekochte Fischfilets in Tamarindesoße

Zutaten:

1 kg Fischfilets, Dorsch oder einen anderen Fisch mit festem Fleisch, in große Stücke schneiden und waschen
100 g Tamarinde, für 15 Minuten in 250 ml Wasser einweichen, dann die Tamarinde im Wasser zwischen den Fingern pressen und weitere 10 bis 15 Minuten stehen lassen
3 Knoblauchzehen, schälen und fein hacken
2 Bund Petersilie, Blätter waschen und hacken
1 Bund Lauchzwiebeln, Stielansätze abschneiden, gewelkte Blätter entfernen und hacken
1 Esslöffel Bockshornklee
1/4 Teelöffel Chilipulver
1/2 Teelöffel Kurkumapulver
1 Teelöffel Currypulver. Ersatzweise Kara Masala (indische Gewürzmischung)
1½ bis 2 Esslöffel Mehl
Salz
Pfeffer
Öl oder Butter

So wird es gemacht:

☺ Tamarindewasser durch ein Sieb geben und in einer Schale auffangen, dann die im Sieb befindlichen Tamarinde durchpressen und mit dem Tamarindewasser verrühren.
☺ Mehl in eine große Pfanne geben und rösten bis das Mehl Farbe annimmt, etwas Öl oder Butter dazugeben und verrühren ➟ Chilipulver, Kurkuma, Currypulver oder Kara Masala, Salz und Pfeffer dazugeben und rühren ➟ Petersilie,

Lauchzwiebeln, Knoblauch und Bockshornklee in die Pfanne geben und ein paar Minuten braten ➡ Tamarindewasser darüber gießen, umrühren und ca. 15 bis 20 Minuten köcheln lassen ➡ Fischfilets in die Tamarindesoße geben und ca. 10 Minuten köcheln lassen bis das Fleisch gar ist ➡ mit Salz und Pfeffer abschmecken und heiß mit Reis servieren.

✻✻✻✻✻✻✻✻✻✻✻

Kräuter Fisch

Zutaten:

1 großer Fisch (oder 2 mittelgroße Fische), waschen und abtupfen

Zutaten für die Füllung:

1 Bund Petersilie, Blätter waschen und hacken
1 Bund Koriander, Blätter waschen und hacken
1 Bund Lauchzwiebeln, Stielansätze abschneiden, die gewelkten Blätter entfernen und hacken
1 Knoblauchzehe, schälen, mit etwas Salz in einen Mörser geben und zerdrücken
1/2 Teelöffel Kurkumapulver
Chilipulver, Menge nach Geschmack
Salz
Pfeffer
Öl

So wird es gemacht:

☺ Backofen auf 180°C vorheizen.

☺ Alle Zutaten für die Füllung in eine Schale geben und gut vermengen ➡ Fisch (oder Fische) von innen mit Salz bestreuen, mit den Kräuter füllen, in ein feuerfeste, längliche Schale oder in eine Auflaufform geben und mit etwas Öl beträufeln ➡ Auflaufform in den Backofen schieben und goldbraun backen.

✻✻✻✻✻✻✻✻✻✻✻

Fischfilets braten

Zutaten:

4 Fischfilets, Sorte nach Belieben
1/2 Teelöffel Kurkuma
Salz
Pfeffer
Mehl
Öl, zum Braten

So wird es gemacht:

☺ Öl in einer Pfanne erhitzen ➟ ca. 50 g Mehl, Salz, Pfeffer und Kurkuma vermengen und auf einem Teller verteilen ➟ Fischfilets im Mehl wälzen und im heißen Öl knusprig braten, heiß mit Reis servieren.

✽✽✽✽✽✽✽✽✽✽

Fischfilets in Tomatensoße

Zutaten:

*1/2 kg reife Tomaten, enthäuten, halbieren, Samen entfernen und hacken (siehe Seite 8). Ersatzweise 500 ml passierte Tomaten oder 1 Dose Tomaten
1 kg Fischfilets ohne Haut, in große Stücke schneiden und waschen
1 Bund Petersilie, Blätter waschen und hacken
1 Esslöffel gehackter Koriander
2 Knoblauchzehen, schälen und fein hacken
1 Schalotte, schälen und fein hacken
1 Bund Lauchzwiebeln, Stielansätze abschneiden, gewelkte Blätter entfernen und haken
1/2 Teelöffel mildes Paprikapulver
1/2 Teelöffel Currypulver
Etwas Zitronensaft
Salz
Pfeffer
Öl

So wird es gemacht:

☺ Etwas Öl in eine feuerfeste Schale oder in eine tiefe Pfanne geben und erhitzen ➟ Schalotten im heißen öl braten bis sie Farbe annehmen, Knoblauch und Lauchzwiebeln untermengen und kurz dünsten ➟ die restlichen Zutaten dazugeben, umrühren, abschmecken und zum Kochen bringen.

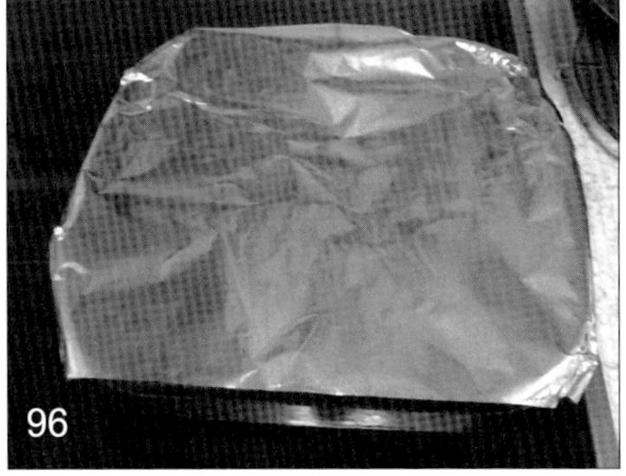

☺ Fischfilets in die Soße geben ➟ Schale mit Alufolie oder einem Deckel schließen und ca. 10 bis 15 Minuten köcheln lassen bis die Fischfilets gar sind ➟ heiß mit Reis und Salat servieren.

<u>*Vermerk:</u>

Wenn man nur Tomaten verwendet, sollte 1 Esslöffel Tomatenmark in 3/4 Tasse heißem Wasser aufgelöst und zu den Tomaten gegeben werden.

Süßspeisen

Pudding - Ferni
Pudding mit Reismehl

Zutaten:

1 Liter Milch
100 bis 120 g Reismehl
100 g Puderzucker
1 bis 2 Esslöffel Rosenwasser
Pistazien oder Mandelstifte, zum Garnieren

So wird es gemacht:

☺ Reismehl in eine Schale geben, etwas kalte Milch darüber gießen und zu einer weichen Masse rühren.
☺ Die restliche Milch in einen Topf geben und bei mittlerer Hitze zum Kochen bringen ➟ Reismehlmasse zur Milch geben, gut rühren und köcheln lassen, bis die Masse anfängt dick zu werden ➟ Puderzucker und Rosenwasser dazugeben, umrühren und ca. 5 Minuten köcheln lassen, dann in eine Servierschale geben, mit Pistazien garnieren und warm oder kalt servieren.

****

Pudding mit Maismehl

Zutaten:

2 Tassen Milch
1/3 Tasse Zucker
1/4 Tasse Maismehl
1 bis 2 Esslöffel Rosenwasser
3 bis 4 Mastiksstücke, mit etwas Zucker in einem Mörser zerdrücken
Gehackte Pistazien

So wird es gemacht:

☺ Maismehl in etwas Wasser auflösen ➟ durch ein Sieb geben und in einem Topf auffangen ➟ Milch dazugeben und zum Kochen bringen, dann bei schwacher Hitze köcheln lassen, dabei umrühren.
Wenn die Masse fest wird, Zucker und zerdrückte Mastiks dazugeben, gut vermengen und ca. 6 bis 7 Minuten köcheln lassen, dabei ständig umrühren ➟ Rosenwasser darüber geben ➟ Topf vom Herd nehmen ➟ Milchpudding in Servierschalen geben, mit gehackten Pistazien garnieren und kalt servieren.

****

Pudding mit Speisestärke

Zutaten:

1 Liter Milch
60 bis 70 g Speisestärke
1/4 Tasse Zucker
1 Teelöffel Kardamompulver
1 bis 2 Teelöffel Rosenwasser
Grob gehackte Pistazien und Mandeln

So wird es gemacht:

☺ Speisestärke mit etwas Milch auflösen ➟ die restliche Milch in einen Topf geben und bei mittlerer Hitze zum Kochen bringen ➟ Zucker zur Milch geben und rühren, bis der Zucker aufgelöst ist ➟ aufgelöste Speisestärke zur Milch geben, dabei rühren und zum Kochen bringen ➟ Kochtemperatur auf niedrige Stufe stellen und den Pudding ca. 10 Minuten köcheln lassen ➟ Kardamompulver, Rosenwasser und Nüsse untermengen und weitere 5 Minuten köcheln lassen, dann in Servierschalen geben und kalt servieren.

****

Gelber Reispudding

Zutaten:

125 g bis 150 g Milchreis oder Bruchreis, waschen, für ca. 1 Stunde in Wasser einweichen, in ein Sieb geben und abtropfen lassen
Ein paar Safranfäden, in 2 bis 3 Esslöffel warmem Wasser auflösen, oder Ersatzsafran, die Fäden sehen aus wie echter Safran
1/4 Teelöffel gelbe Lebensmittelfarbe
250 g Zucker
1 Teelöffel Zimt
1 Teelöffel Zitronensaft
1/2 Teelöffel Kardamompulver
1 Esslöffel Rosenwasser
ca. 50 g Mandelsplitter
Pistazien
75 g Butter

97 Safran Ersatz

So wird es gemacht:

☺ 1 Liter Wasser und Reis in einen Topf geben und zum Kochen bringen, dann bei schwacher Hitze ca. 45 Minuten köcheln lassen bis der Reis sehr gar ist (zerkocht) ➟ Zucker, Safranwasser, Farbstoff, Kardamompulver, Butter, Zitronensaft und einen Teil der Mandelsplitter untermengen ➟ 1/2 Tasse Wasser darüber gießen, umrühren und 10 bis 15 Minuten köcheln lassen bis die meiste Flüssigkeit verdampft und die Mischung zu einem Brei gequollen ist ➟ in kleine Schüsseln geben ➟ mit Mandelsplittern, Pistazien und Zimt garnieren.

****

Milchreis

Zutaten:

1/2 Tasse Milchreis
1 Liter Milch
1/2 Tasse Zucker
Ein Paar Mastiksstücke, mit etwas Zucker in einen Mörser geben und zerdrücken
3 bis 4 Esslöffel gehackte Pistazien
1 Esslöffel Rosenwasser

98 Mastiks

So wird es gemacht:

☺ Milchreis und ca. 1 Tasse Wasser in einen Topf geben und kurz zum Kochen bringen, dann bei schwacher Hitze köcheln lassen bis der Reis fast gar ist ➟ Milch darüber geben und gut vermengen ➟ ca. 10 Minuten köcheln lassen (dabei umrühren, damit der Reis nicht am Topfboden festklebt und anbrennt) ➟ Zucker dazugeben und rühren, dann ca. 4 bis 5 Minuten köcheln lassen, dabei umrühren ➟ Rosenwasser und Mastiks dazugeben, umrühren und in Servierschalen geben, mit Pistazien garnieren und kalt servieren.

****

Halwah - Mehlsüßspeise

Zutaten:

150 g Mehl
150 g Butter
100 ml Wasser
4 bis 5 Esslöffel Rosenwasser
150 g Zucker

So wird es gemacht:

☺ Wasser, Zucker und Rosenwasser in einen Topf geben und rühren bis der Zucker aufgelöst ist, dabei zum Kochen bringen ➟ ca. 1 Minute brodeln lassen ➟ Topf vom Herd nehmen und beiseite stellen.

☺ Butter in eine tiefe Pfanne geben und bei schwacher Hitze zerlassen.

☺ Mehl in die zerlassene Butter geben, bei schwacher Hitze köcheln lassen, dabei ständig rühren bis die Masse dickflüssig wird.

☺ Zuckersirup zur Mehlmasse geben, weiter bei schwacher Hitze garen bis sich die Halwah vom Pfannenboden leicht löst und nicht mehr daran klebt.

☺ Halwah in eine Servierschale geben, die Oberfläche glätten und kalt servieren.

****

Milch Halwah

Zutaten:

100 g Reismehl
250 ml Milch
1/2 Tasse Zucker
2 bis 3 Esslöffel Rosenwasser
1 Teelöffel Kardamompulver
1/2 Tasse Puderzucker
Grob gehackte Pistazien und Mandeln
Ca. 1/2 Tasse Öl

So wird es gemacht:

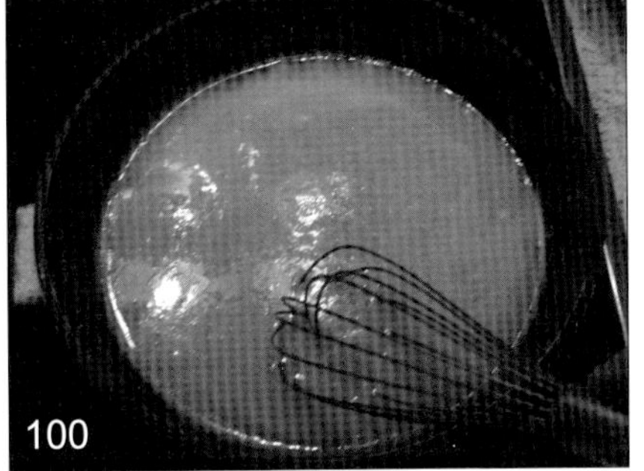
100

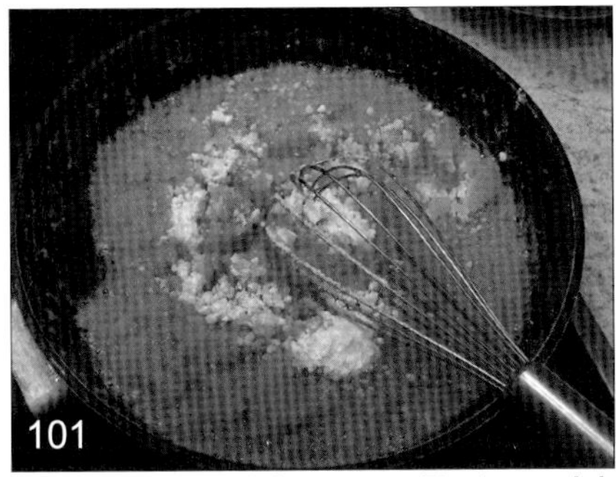
101

☺ Öl in einer tiefen Pfanne leicht erhitzen, Reismehl dazugeben und rühren bis die Masse weich wird (die Masse darf nicht braun werden) ➟ Milch nach und nach dazugeben, gut verrühren und köcheln lassen bis die Masse dickflüssig wird ➟ Kardamom, Rosenwasser und Zucker dazugeben und rühren bis der Zucker aufgelöst ist und die Masse dickflüssig wird ➟ Puderzucker untermengen, Halwah in eine längliche, flache Servierschale geben, mit Pistazien und Mandeln bestreuen, abkühlen lassen, dann in längliche Streifen oder viereckige Stücke schneiden und servieren.

102

Gelee - Magut

Zutaten:

1½ Tassen Wasser
4 bis 5 gehäufte Esslöffel Weizenstärke
75 g Zucker
1 Esslöffel gelbe oder orange Lebensmittelfarbe. Man kann auch mehr oder weniger Lebensmittelfarbe verwenden
1 Teelöffel Kardamompulver
Grob gehackte Mandeln und Pistazien, Menge nach Belieben

So wird es gemacht:

☺ Wasser, Zucker und Lebensmittelfarbe in einen Topf geben und rühren bis der Zucker aufgelöst ist und zum Kochen bringen, dann bei schwacher Hitze köcheln lassen ➟ Weizenstärke in eine Schale geben, etwas Wasser dazugeben und rühren ➟ Weizenstärke nach und nach in das kochende Wasser geben und ständig rühren bis die Masse dicker wird (ca. 5 bis 6 Minuten) ➟ grob gehackte Nüsse in das Gelee mengen ➟ Gelee in eine flache Form gießen, abkühlen lassen, in Streifen schneiden und kalt servieren.

Vermerk:

Auf Lebensmittelfarbe kann man verzichten.
Dieses Gelee ist im Orient sehr bekannt, es wird unter verschiedenen Namen (Chabisa, Baluza oder Naschwia) auf die gleiche Art gekocht

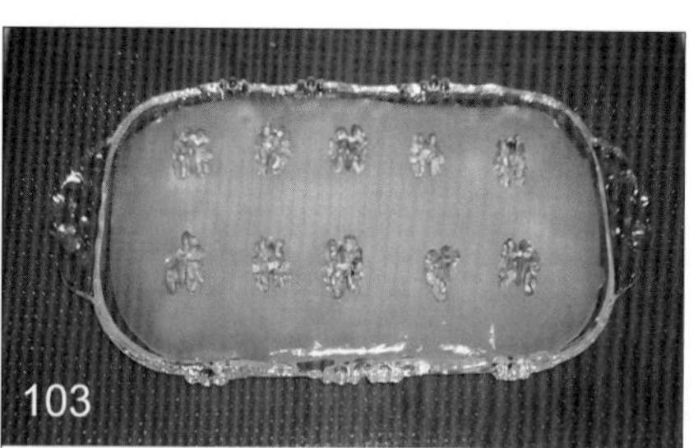
103

****

Variante 2, mit Butter

Zutaten:

Ca. 400 ml Wasser
150 g Zucker
4 bis 5 Esslöffel Maismehl oder Weizenstärke
50 g ungesalzene Butter
Rosenwasser, Menge nach Geschmack (1/2 bis 1 Teelöffel)

So wird es gemacht:

☺ Alle Zutaten in einen Topf geben, umrühren und zum Kochen bringen, dann bei schwacher Hitze köcheln lassen bis die Masse fest wird ➟ Eine flache Form mit etwas Butter bestreichen, Gelee in die Form geben, die Oberfläche glätten und abkühlen lassen, dann in viereckige Stücke schneiden und servieren.

✲✲✲✲✲✲✲✲✲✲✲

Reiskekse

Zutaten:

3 Tasse Reismehl
1 Tasse Puderzucker
1 Tasse Butter, zerlassen
1/2 Teelöffel Kardamompulver
1 Ei, aufschlagen, in eine Schale geben und verrühren
Gehackte Nüsse (Mandeln, Pistazien…)

So wird es gemacht:

☺ Zerlassene Butter in eine Schale geben und rühren, nach und nach Zucker und Ei dazugeben und weiter rühren ➟ Reismehl und Kardamom nach und nach zur Buttermasse geben und gut verkneten ➟ Teig zudecken und ca. 1 Stunde bei Zimmertemperatur stehen lassen.

☺ Backofen auf 180°C vorheizen.

☺ Den Teig in kleine Stücke schneiden und zu kleinen Bällchen formen (1½ bis 2 cm Durchmesser), dann etwas flachdrücken ➡ Backblech mit Backpapier belegen, Reiskekse darauf geben, mit Nüssen bestreuen und für ca. 12 bis 15 Minuten backen.

****

Noghol
Umhüllte Mandeln mit Zuckersirup

Zutaten:

200 g Mandeln
250 g Zucker
300 ml Wasser
3 bis 4 Esslöffel Rosenwasser

So wird es gemacht:

☺ Wasser und Zucker in einen Topf geben und rühren bis der Zucker aufgelöst ist, dabei zum Kochen bringen ➡ Zuckerlösung so lange kochen bis die Masse etwas dickflüssig wird (mit einem Löffel etwas Sirup nehmen und laufen lassen, der Sirup soll wie Fäden vom Löffel laufen) ➡ Topf vom Herd nehmen, Rosenwasser dazugeben und rühren.

☺ Mandeln in eine große Pfanne geben und kurz rösten, nicht braun werden lassen ➡ Pfanne vom Herd nehmen ➡ nach und nach etwas heißen Sirup über die Mandeln geben und gut vermengen (oder Mandeln in der Pfanne schwenken) bis der Sirup verbraucht ist ➡ Backpapier auf ein Backblech legen, Mandeln darauf verteilen und beiseite stellen bis die Mandeln ganz trocken sind, dabei werden die Mandeln eine weiße Farbe bekommen.

****

Teigfinger in Zuckersirup

Zutaten:

150 g Mehl, sieben
150 ml Wasser
2 bis 3 Esslöffel Butter
1 Ei
Öl, zum Braten

Zutaten für den Sirup:

250 g Zucker
150 ml Wasser
1 bis 2 Esslöffel Rosenwasser
Ein Schuss Zitronensaft

So wird es gemacht:

☺ Zucker und Wasser in einen Topf geben und rühren, bis der Zucker aufgelöst ist, dabei zum Kochen bringen bis die Masse dicker wird, Topf vom Herd nehmen, Rosenwasser und Zitronensaft dazugeben, umrühren und beiseite stellen.

☺ Teigfinger herstellen:

104

105

① Butter und Wasser in eine tiefe Pfanne geben und zum Kochen bringen ➡ Pfanne vom Herd nehmen und auf eine feuerfeste Unterlage stellen, Mehl nach und nach dazugeben und zu einem weichen Teig rühren ➡ Ei dazugeben und gut verrühren.

② 1 Esslöffel Teig nehmen und zu kleinen Kugeln formen, dann die Kugeln zwischen den Handflächen zu länglichen Rollen formen (ca. 1½ bis 2 cm Durchmesser und 5 bis 7 cm lang) bis der Teig verbraucht ist.

☺ Reichlich Öl in einer tiefen Pfanne erhitzen ➟ Teigrollen in das heiße Öl geben und braten bis die Rollen eine goldbraune Farbe annehmen (**Vorsicht!!** Nicht so lange braten, ansonsten platzen die Rollen und das heiße Öl spritzt „**Verbrennungsgefahr**") ➟ die fertig gebratenen Rollen mit einem Schaumlöffel aus dem Öl nehmen, in den Zuckersirup tauchen und ein paar Minuten im Sirup liegen lassen, dann aus dem Sirup nehmen und warm oder kalt servieren.

Vermerk:
Mit einem Teigbeutel oder einer Presse kann der Teig direkt in das heiße Öl gepresst werden.

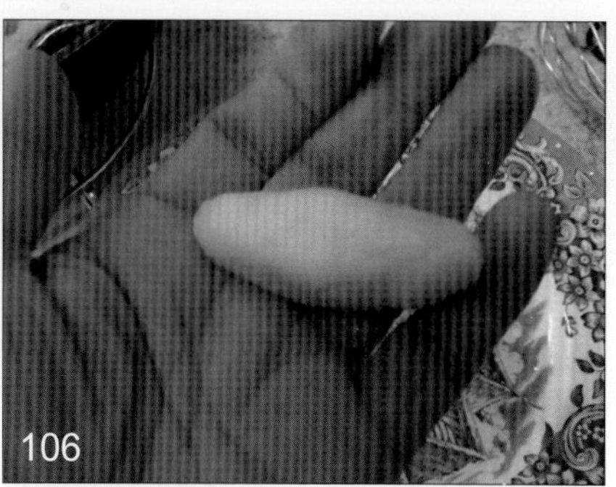
106

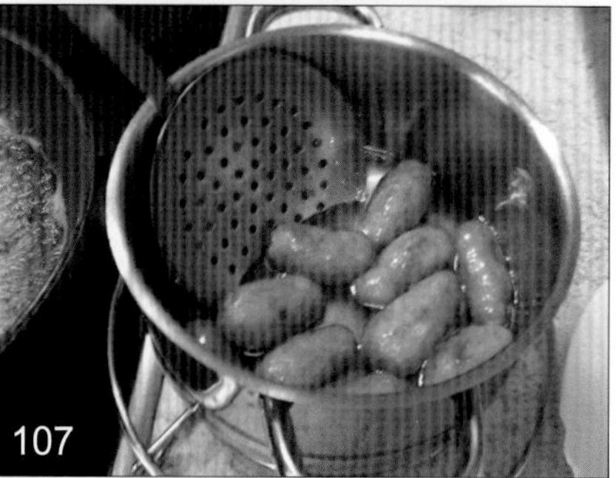
107

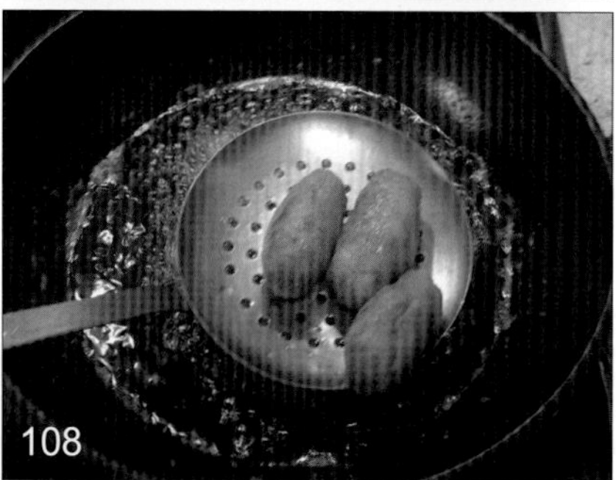
108

109

Eingemachte Zutaten

Eingelegte Auberginen

Zutaten:

500 g kleine Auberginen, Stielansätze abschneiden
9 bis 10 Knoblauchzehen, schälen, mit etwas Salz in einen Mörser geben und zerdrücken
1 Teelöffel Korianderkörner
1 Bund Petersilie
1 Bund Koriander
4 bis 5 Esslöffel gehackter Basilikum
2 bis 3 Esslöffel gehackte Pfefferminzblätter
1 kleine Chilischote, Stielansatz abschneiden, der Länge nach halbieren und fein hacken
ca. 1/2 Liter Essig
2 Esslöffel Salz in ca. 1/2 Tasse Wasser auflösen

So wird es gemacht:

110

111

☺ Petersilie und Koriander:
Einen Teil der Stielansätze abschneiden, dann den Rest hacken, waschen, abtropfen lassen und in eine Schale geben „die Kräuter müssen trocken sein, um sie weiter zu verwenden“:
☺ Basilikum, Pfefferminze, Knoblauch, Chili und ca. 2 Teelöffel Salz zur Petersilie und dem Koriander geben und

gut vermengen.

☺ Die Auberginen (ungeschält) in einen Topf geben, mit Wasser bedecken und kochen lassen bis sie gar sind ➠ durch ein Sieb geben und gut abtropfen lassen. Am besten über Nacht stehen lassen.

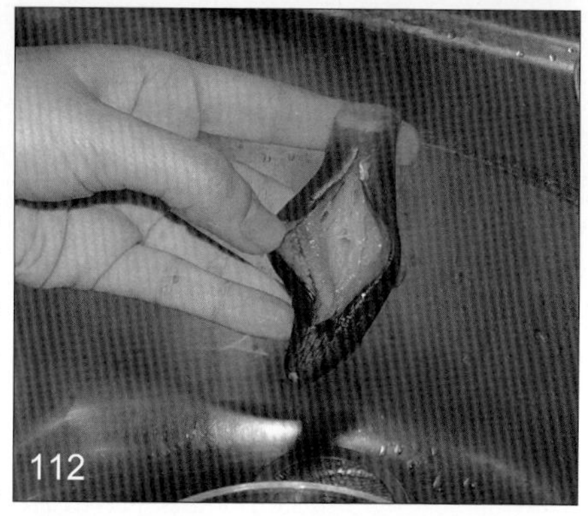
112

☺ Der Länge nach die einzelnen Auberginen mit einem scharfen Messer anschneiden „nicht durchschneiden“ und mit der Kräutermasse füllen ➠ Koriandersamen in ein verschließbares Glas geben, dann die gefüllten Auberginen im Glas schichten, Salzwasser darüber gießen, mit Essig bedecken, Glas verschließen und mindestens 10 Tage stehen lassen.

✱✱✱✱✱

Variante 2

Zutaten:

500 g kleine Auberginen
ca. 2 cm Ingwerwurzel, schälen und hacken
25 g Chilischoten
2 Knoblauchzehen, mit Salz und etwas Essig zerdrücken
150 ml Essig
75 g Nussöl oder eine andere Ölsorte
50 g Zucker
je 1/2 Esslöffel Salz und Kümmelsamen
je 1/2 Teelöffel Chilipulver, Currypulver, Kurkuma, Garam Masala (Gewürz) und Ingwerpulver

So wird es gemacht:

☺ Von den Auberginen die Stielansätze abschneiden, dann die Auberginen waschen und in Scheiben schneiden (ca. 3 cm dick).

☺ Zerdrückte Knoblauchzehen, Chilipulver, Currypulver, Kurkuma, Garam Masala und Ingwerpulver in einen Mörser geben und zu einer Paste zerdrücken.
☺ Öl erhitzen ➡ Kümmelsamen dazugeben und ca. 1 Minute rösten ➡ Gewürzpaste dazugeben und auf kleiner Flamme 1 bis 2 Minuten braten ➡ Essig, Zucker und Salz dazugeben und umrühren ➡ Auberginenscheiben, Chilischoten und Ingwerwurzel dazugeben und köcheln lassen bis das Gemüse gar ist ➡ kalt stellen ➡ vor dem Servieren einen Tag stehen lassen.

*****

Variante 3

Zutaten:

500 g Auberginen
4 Knoblauchzehen, schälen und hacken
150 ml Essig
1 Esslöffel Oregano
Olivenöl oder eine andere Ölsorte
Salz

So wird es gemacht:

☺ Auberginen schälen und in Scheiben schneiden ➡ salzen und 2 bis 3 Stunden in ein Sieb legen, damit die bitteren Säfte austropfen können ➡ die abgetropften Scheiben ca. 10 Minuten in den mit etwas Wasser verdünnten Essig legen ➡ in ein Sieb geben und abtropfen lassen ➡ in einem Steintopf oder einem Glas schichten, dazwischen Knoblauch und Oregano verteilen ➡ die Auberginenscheiben mit Öl bedecken und den Topf schließen ➡ eine Woche stehen lassen.

****

Eingelegte Limetten

Zutaten:

Kleine Limetten, Menge nach Belieben
Salz
Essig

So wird es gemacht:

☺ Limetten reiben bis die grünen Schalen entfernt sind ➡ Limetten in reichlich Salz wälzen und 1 bis 2 Tage in die Sonne (oder an einen sehr warmen Platz) stellen, damit sie trocken werden ➡ das Salz von den Limetten mit der Hand entfernen ➡ Limetten in ein verschließbares Glas geben, mit Essig bedecken und ca. 2 Wochen stehen lassen.

****

Eingelegter Knoblauch

Zutaten:

Knoblauchknollen, Menge nach Belieben
Salz
Essig

So wird es gemacht:

☺ Knoblauchzehen schälen und in dünne Streifen schneiden, dann in einen kleinen Topf geben, mit Wasser bedecken und ein paar Minuten brodeln lassen, durch ein Sieb geben und abtropfen lassen.

113

☺ Essig und Salz (für ca. 500 ml Essig benötigt man 10 Esslöffel Salz) in einen Topf geben, umrühren und kochen lassen, dann in ein Verschließbares Glas geben ➡

Knoblauchstreifen in das Glas geben „der Knoblauch muss mit Essig gut bedeckt sein“, Glas verschließen und 4 bis 5 Wochen stehen lassen.

****

Eingelegtes Gemüse

Zutaten:

*Je 100 g:
Blumenkohl, in kleine Röschen schneiden
**Auberginen
Karotten, schälen und in Scheiben schneiden
Sellerie, zerkleinern
Lange, milde Peperoni, Stielansätze abschneiden, in Scheiben schneiden und Samen entfernen
Grüne Bohnen, Enden abschneiden und vierteln

*Man kann auch andere Gemüsesorten verwenden.

1 Bund Koriander und 1 Bund Petersilie, einen Teil der Stielansätze abschneiden, dann den Rest hacken, waschen und abtropfen lassen (siehe Seite 123)
2 Esslöffel gehackte Pfefferminze
1 Teelöffel Pfefferkörner
1 Esslöffel Koriandersamen
1 Esslöffel Kreuz– oder schwarzer Kümmel
Salz
Essig

So wird es gemacht:

☺ **Auberginen in Alufolie wickeln und im Backofen (180°C) ca. 15 bis 20 Minuten garen, aus dem Backofen nehmen, Stielansätze und Schalen abziehen, Fruchtfleisch zerkleinern, in ein Sieb geben und über Nacht stehen lassen, damit die Flüssigkeit aus dem Fruchtfleisch entfernt wird.

☺ Gemüse, Kräuter, Gewürze und 4 bis 5 Esslöffel Salz in eine Schale geben und gut vermengen, dann in ein verschließbares Glas geben, Essig darüber gießen „die Zutaten müssen mit Essig gut bedeckt sein“, Glas verschließen und ca. 5 Wochen stehen lassen.

Exotische Küche